课余

漫笔

郭士斌　司素娟◎著

台海出版社

图书在版编目（CIP）数据

课余漫笔 / 郭士斌，司素娟著 . -- 北京：台海出
版社，2020.11
ISBN 978-7-5168-2781-9

Ⅰ.①课… Ⅱ.①郭… ②司… Ⅲ.①社会科学—文
集 Ⅳ.① C53

中国版本图书馆 CIP 数据核字（2020）第 208938 号

课余漫笔

著　　者：郭士斌　司素娟

出 版 人：蔡　旭
封面设计：中尚图
责任编辑：姚红梅

出版发行：台海出版社
地　　址：北京市东城区景山东街 20 号　邮政编码：100009
电　　话：010-64041652（发行，邮购）
传　　真：010-84045799（总编室）
网　　址：www.taimeng.org.cn/thcbs/default.htm
E－mail：thcbs@126.com

经　　销：全国各地新华书店
印　　刷：河北盛世彩捷印刷有限公司
本书如有破损、缺页、装订错误，请与本社联系调换

开　　本：710 毫米 ×1000 毫米　　1/16
字　　数：178 千字　　　　　　印　　张：13
版　　次：2020 年 11 月第 1 版　　印　　次：2020 年 11 月第 1 次印刷
书　　号：ISBN 978-7-5168-2781-9

定　　价：49.00 元

目录

管理篇

散文篇

小说篇

诗歌篇

学术篇

诵读基础上的合作探究

——中职语文课堂教学的探索与实践

诵读是语文教学的重要一环。学习一篇课文，如果不让学生自己读两遍，学生就不知道文章的具体内容，更谈不上有自己的理解。读书不如背书，背书是对课文的精读，学生只有在背诵的基础上，才能对课文有更深刻的理解。此外，教师还需设置一些问题，与学生共同探究。

教学过程中，我把中职语文三册书中的重点课文的重点段落都标注出来，并要求学生背诵。譬如，第一册的《我很重要》一篇，从第一段背诵至"我们——简明扼要地说，就是每一个单独的'我'——到底重要还是不重要？"，以及关于亲情的段落；《荷塘月色》中第四、五段关于"观荷塘、赏月色"的内容是必须背诵的，从"曲曲折折的荷塘上面，弥望的是田田的叶子"背诵至"如梵婀玲上奏着的名曲"。

第二册的《故乡的榕树》一篇中，我要求学生背诵第四、九、十段，第四段从"我怀念从故乡的后山流下来"至"记忆里的故事有榕树的叶子一样多"，第九、十段从"苍苍的榕树啊"到"搁浅在乱石滩上"。《明湖居听书》一篇中，我要求学生背诵第七、八段，从"王小玉便启朱唇"到"这时台下叫好之声，轰然雷动"。

第三册的《从罗丹得到启示》一篇中，我要求学生背诵最后两段，从"再没有什么像亲见一个人全然忘记时间、地方与世界那样使我感动"到"没有——我现在才知道——别的秘诀"。《故都的秋》一篇中，我要求学生背诵前三段和最后两段，前三段从"秋天，无论在什么地方的秋天，总是好的"到"是作陪衬"；最后两段从"南国之秋，当然是也有他的特异的地方的"到"换得一个三分之一的零头"。

当然，三册书中的文言文和诗词是要求全部背诵的。背诵对高中生来说，极为重要。高中阶段学习时间紧，学生没有空闲读太多的书，只有将课文背诵下来，才能记忆深刻。我经常对学生说，背诵的作用有很多，一是增强记忆力；二是提高理解和感悟能力；三是牢固记忆知识。五年之后，整个高中生涯仍能留在学生记忆深处的，就是他们背诵过的这些文章。

在诵读的基础上，教师还要抓住两三个问题和学生共同探讨。譬如，学习《我的母亲》一文时，教师可让学生诵读关于白描的段落，在此基础上，先讲白描手法的含义，再让学生找出文中使用了白描手法的句子，最后与学生一起体会这些语句的含义。学习《拿来主义》一文时，在学生诵读的基础上，教师可提出三个问题：第一，作者在文章中要阐明的观点是什么？第二，第八段运用了比喻论证，"大宅子""屠头""昏蛋""废物"分别比喻什么？第三，第九段中，"鱼翅""鸦片""烟枪""烟灯""姨太太"分别比喻什么？

学习《明湖居听书》一文时，重点朗读第七、八段，在此基础上，教师可提出三个问题：第一，找出文中的比喻和通感语句；第二，白妞的演唱或高或低、或缓或急，大致分为五个阶段，请用文段中的词语加以概括；第三，文段在描写声音时，运用比喻和通感手法再现白妞精彩的说唱技艺，请品味这些句子的表达效果。

学习《过万重山漫想》一文时，在学生背诵第九段的基础上，教师可提出两个问题：第一，这段文字运用了什么修辞手法？第二，作者的思路是如何展开的？这样写有什么表达效果？

合作探究应建立在诵读的基础上。诵读是基础，要让学生通过个别朗读、默读、齐读、自由朗读等各种形式，深入理解课文，要以背诵的标准要求学生。正所谓："磨刀不误砍柴工。"根基打牢了，学生再去理解一些问题，也就容易多了。多年的教学实践证明，这种教学方法能收到良好的教学效果。

语文课堂教学模式初探

在多年的语文教学实践中，我逐渐形成了自己的七步课堂教学模式，在此分享出来，与各位同仁探讨。

第一步：回顾旧知

根据上堂课的内容，利用多媒体，展示二至三道题。这些题可以是知识性的，如检查字音词义、背诵文章，也可以是概括性的，如复述上节课的重要内容。

第二步：提问预习

设置二至三道预习题，如概括文章大意、对文章的看法、有什么疑惑。带着这些问题，学生之间先初步探讨，然后教师引导出重点。

第三步：重点讲解

教师精心准备，围绕课文重点，设计二至三个问题，并带领学生展开深入探讨。

第四步：课堂小结

课堂总结由学生完成，教师提问二至三个学生，让学生对本课堂的主要内容进行归纳概括。然后，教师再问学生还有没有疑难问题。如果有，再进行讨论。

第五步：布置作业

作业采用作文式作业，围绕课文内容，布置一个三百字以上的作文片段任务，鼓励学生多写。为激励学生的写作积极性，教师要写"下水作文"，同时对于不错的学生作文，教师要在课堂上朗读并给予赞扬，让学生在听完这些好文章后，内心产生一种渴望提高写作能力的积极情绪。

第六步：背诵

我一直认为背诵是学习语文的最重要的方法。因此，课本上要求背诵的篇章，一定要让学生背诵。另外，教师还需推荐与课文相关的诗文，并要求学生背诵。这些诗文篇章，教师最好能全部背诵，便于更好地引导和鼓励学生。

第七步：课文延伸

教师推荐一篇与课文相关的文章，要求学生将其与课文进行比较阅读，并写出读后感。为了提高学生的认识水平，教师要亲自写出读书心得。

我以课文《永遇乐·京口北固亭怀古》为例，进行具体阐述：第一步，回顾旧知。讲授这篇课文之前，我先让学生回顾上节课学习的《念奴娇·赤壁怀古》的相关知识，设计两个问题：背诵《念奴娇·赤壁怀古》，并思考这首词写了哪些赤壁景观，表达了作者怎样的怀古情思。第二步，提问预习。设计两个问题：朗读《永遇乐·京口北固亭怀古》，并思考这首词引用了哪几个历史人物的典故。第三步，重点讲解。在讲解这首词时，我设计了两个问题：简要概括历史人物的事迹，并思考词中所引历史人物表达了作者怎样的心情。第四步，课堂小结。结合板书设计，让学生回顾这节课的重难点。第五步，布置作业。让学生为辛弃疾写一首诗或词。第六步，背诵。除了这首词，我又让学生一并背诵了《菩萨蛮·书江西造口壁》和《青玉案·元夕》。第七步，课外延伸。让学生在课下搜集关于辛弃疾的文章。

以上七个方面，从内容上看，完全围绕教材的基本篇目进行，没有脱离教学大纲。第六步的背诵和第七步的课外延伸，也都是与课文相关的诗文篇章，有利于学生丰富知识、开阔视野、提高认识、陶冶情操。从组织形式上看，七步法充分体现了学生主体，可以培养学生多方面的能力。第一步回顾旧知，可以培养学生的识记和概括能力；第二步提问预习，可以使教师了解学生对课文的理解能力；第三步重点讲解，可以锻炼学生的合作探究能力；第四步课堂小结，可以培养学生的归纳概括能力；第五步布置作业，可以培养学生的写作能力和语言表达能力；第六步背诵课文，加深学生对课文的记忆与理解；第七步课外延伸，让学生读一篇与课文有关的文章，并写出读后感，可以使学生增长知识，开阔视野。

以上七步对语文教师也提出了更高的要求。第一步回顾旧知，如果学生对上节课的内容复述得不够完整，教师要帮助学生进行回顾。第二步提问预习，如果学生对文章的看法有偏颇，教师要进行纠正；如果有疑惑，教师要进行解答。第三步重点讲解，要求教师必须对课文内容有精准的把握，对提出的问题有深入的思考和探索。第四步课堂小结，如果学生总结得不够全面，教师要帮助学生进行总结；如果学生对课文还有疑惑，教师要进行帮助或解答。第五步布置作业，因为是作文式作业，需要教师亲自写出范例作文，这对教师的能力提出了更高的要求。第六步背诵，要求学生背诵的诗文，教师也都要背诵，这对教师来说也是一个很好的锻炼机会。第七步课外延伸，推荐给学生的文章，教师都要精读并写出导读宣言，这对教师来说也是一个很大的考验。

虽说教无定法，但有了固定的课堂教学模式，教师就能有章可循，备课时有事可做，减少了盲目性，少做很多无用功。实践证明，七步教学法让我在语文教学中取得了较好的效果，同时，希望有志于语文教学的老师能有所批评和借鉴。任何理念和方法，如果不能落实到行动中，都是空谈。愿从事语文教学的同仁勇于实践，共同提高。

浅谈高中语文古诗文教学

中华传统文化博大精深、源远流长，蕴含着丰富的智慧，是中华民族的瑰宝。传统文化的主要载体是古诗文，因此，加强古诗文教学是新时代高中语文教育的一个重要课题。

国家高度重视高中生对传统文化的学习，教育部发文，人教版新编高中语文古诗文占比近半，这是非常可喜的现象。欲培养文化大家，须从高中始；欲振兴一国文化，须从高考始。但无论是新版还是老版的高中语文教材，对于古诗文的编排都稍显散乱。学生背诵这些古诗文，虽然积累了一定的古代文化知识，却不能对中国传统文化有一个整体认知。而且高中生为了应付考试，往往以背诵名家名言、摘抄文学常识为主，对中国传统文化的理解片而不全，一叶障目不见泰山。

针对上面提到的情况，应当如何进行高中古诗文教学，提高学生对于传统文化的认知呢？我想，可以尝试着从以下几方面努力。

一、以中国文学史为线索，把握中国文学的整体概况

中国古代文学在不同时期有不同特点，是时代的反映。教学中，教师要清晰把握住每个时期的文学概况，在文学的发展史中解读课文，学生就能准确地把握住本篇课文在文学史中的地位以及它所反映的社会内容和所体现的艺术特点。学生对文章的理解不再是孤立的、感性的，而是有机的、理性的。以文学的发展史为线，穿插不同阶段、不同体裁、不同内容的古文作品的讲授，可以说是为散落满地的珍珠找到一根主线，串成亮丽的珠串，方可显现出它特有的光辉。

如学习《烛之武退秦师》一文，教师先给学生讲解先秦文学概况，学生对此有了整体感知，理解课文就比较容易。《烛之武退秦师》选自先秦史书《左传》，学生初步了解了《左传》的艺术成就，再品读《烛之武退秦师》，会发现文中所表现出的记事条理清楚、详略得当、简精曲达、婉而有致、人物形象栩栩如生、善于描写战争和记述个人辞令等写作特点，与《左传》这部书的艺术成就是一致的。

通过教师的讲解，学生不仅了解了本篇文章在文学史上所处的地位，而且在此基础上，还比较出了《国语》和《战国策》的不同之处。更重要的是，学生了解了中国散文最初的发展史及其广博的内容和高超的艺术手法，为借鉴和吸收古文学的长处，起到了引路的作用。如在给先秦文学概况穿线时，梳理诗歌的发展脉络，学生对先秦诗歌也有了初步了解。那么，对于学生来说，《诗经》中的《氓》《秦风·无衣》《邶风·静女》所反映出的社会生活

内容及体现的表现手法赋、比、兴，就不再是虚无的，而是具体的、实在的，其人物也是有血有肉的。如《邶风·静女》中描写的美丽大胆、活泼开朗的静女形象，《氓》中刻画的婚前对爱情执着、婚后认清丈夫的虚伪而敢于言辞抗议、发誓与之决绝的妇人，都是对于当时的社会生活的折射。这样，学生对《诗经》的艺术手法及其对我国文学发展的重要作用和影响就有了更深入的理解。在娓娓而谈的传授中，学生不仅了解了文学史纲，更理解了我国古代文学内在的发展源头——生活。在书声琅琅的诵读中，学生不再是只体味重章叠句所带来的音节的悦耳，而是感悟到了作品的内在张力，提高了鉴赏水平，为自己的阅读和写作开启了一扇明亮的窗户。

二、了解各种文体的演变规律，加深学习古诗文的底蕴

在讲授文学概况的基础上，教师还要讲清各个文体的演变情况，使学生体会不同文学样式带来的不同美感，有助于加深学生学习古代文学的底蕴。中国古典文学在不同时期有不同的文学样式，汉赋、唐诗、宋词、元曲、明清小说是最具代表性的，而诗歌、散文、小说、戏曲是中国传统文学的四大体裁。每种体裁都经历了一个漫长的发展过程。

诗歌的演变过程：二拍子劳动歌谣——《诗经》（以四言为主）——《离骚》（突破四言的杂言，多使用"兮"字）——民间五言歌谣（秦汉之际）——乐府歌辞（两汉）——五言诗（东汉末期，以《古诗十九首》为代表作）——七言（南北朝，以鲍照为代表）——永明体（南齐，格律诗开端）——律诗绝句（唐及以后）——现代诗。

小说的演变过程：古代神话传说（上古至先秦两汉）——魏晋南北朝志怪志人——唐传奇——宋元话本——明清小说。

现实主义和浪漫主义两种文学表现手法也有各自的演变过程。

现实主义一脉相承，从《诗经》的"饥者歌其食，劳者歌其事"到汉乐府的"感于哀乐，缘事而发"，到杜甫的"即事名篇，无复依傍"，到白居易的"文章合为时而著，歌诗合为事而作"，到关汉卿的为民请命，到曹雪芹的《红楼梦》，再到近现代的黄遵宪和鲁迅。

浪漫主义也是一脉相承，从上古的神话传说到屈原的《离骚》，到李白的诗，再到现代郭沫若的诗歌。

教师讲清了这种文体的演变，学生自会在形式的悄然变化中慢慢咀嚼其韵味，在反复的诵读中感受其音乐美，体会篇章中所体现的缕缕情丝，在短小的篇幅里，想象着另一番浩大天地！在"昔我往矣，杨柳依依；今我来思，雨雪霏霏"的吟诵中，体会古代战士的思乡之情；在"路漫漫其修远兮，吾将上下而求索"中品味屈原执着的爱国精神。

总而言之，不同时期、不同形式的诗歌，反映了人们不同的生活和情感。诗歌形式的演变为"诗言志"的魅力又增添了一道耀眼的光辉！

三、学会在比较中鉴赏古诗文的美

在古文教学中，如果教师孤立地去讲授某篇文章，学生的理解便是有局限的。采用"比较鉴赏"的方法，可以增进学生对所学文章理解的深度和广度。如学习《念奴娇·赤壁怀古》《前赤壁赋》时，和《后赤壁赋》放在一起比较鉴赏，就会发现三篇文章在思想内容上的有机联系。

三篇文章都是苏轼被贬黄州时所作，写作背景是相同的，表现的思想境界却有别。在《念奴娇·赤壁怀古》中，苏轼在怀古颂周郎的基础上，进而联想到自己人到中年一事无成，不禁发出"人生如梦"的感叹。这是作者欲报国却不被重用而流露出的消极情绪。如果孤立地理解这篇文章，还不足以深刻体会苏轼其人其文。在《前赤壁赋》里，苏轼采用主客问答的形式，表达自己对人生的看法。客人认为人生是短暂的，进而发出"哀吾生之须臾，羡长江之无穷"的感叹。这种感叹和苏轼在《念奴娇·赤壁怀古》中所发出的"人生如梦"的感叹是一致的。这里的客人正是苏轼本人的假托。后文中，苏轼对客人的回答表现出了乐观旷达的人生态度，可以看作是作者自我解愁的人生写照。客人喜而笑，表明这种忧愁得到圆满解决。

在《后赤壁赋》里，苏轼则通过重游赤壁和经仙人指点的梦境，且这种梦境正是他在《前赤壁赋》里羽化而登仙的理想，实现了对尘世的超脱，证实了他在《前赤壁赋》中认定的人生哲学是正确的，遭贬带来的压抑苦闷被开朗达观的豪放气概代替，显示了由先前儒家济世思想向道家逍遥顺化思想的变化，从而完成了自己人生的转变。在中学课本里，许多篇章都可以采用比较鉴赏的方法去完成，如李煜的《虞美人》和李清照的《声声慢》就可以在比较阅读中进行鉴赏，既拓宽了学生的视野，又增强了学生对作品深度和广度的理解。这种阅读方法是提高古诗文阅读能力的有效途径。

传统文化中的精华已经成为中华文化的象征，中国古代文学艺术成就至今仍熠熠生辉。作为现代文明的继承者，我们不仅要吸收传统文化的精髓，而且要担负起传承的重担。21世纪是中华文化发扬光大、走向世界、走向未来的世纪。这个光荣的重担便落到青年人的肩上。

一叶知全文

——《最后一片叶子》教学切入点分析

《最后一片叶子》是世界著名短篇小说之王欧·亨利的代表作。这是一篇构思精妙，情节动人的小说。它赞美了穷画家之间相濡以沫的友谊，闪耀着人性美的光辉。

小说的主要情节是：为了帮助琼西战胜病魔，老画家贝尔门唱响了一支舍己救人的生命之歌。在那凄风苦雨的夜晚，年过六旬的老画家在砖墙上创作了"最后的杰作"——一片不会凋落的常春藤叶子，它给琼西以生的意志、新的生命。

作为课文，这篇小说的篇幅较长，若按照文章的先后顺序讲解，并不能抓住课文的重点。我们知道小说的三要素包括人物、故事情节、环境。其中，人物是中心，情节和环境都是为人物服务的。这篇小说有三个主要人物：琼西、苏、贝尔门。三个人物都和最后一片叶子有联系。琼西等到最后一片叶子掉下来，就想离开人世，这是情节展开的导火线，这是一个生命垂危者的绝望想法。苏听到琼西的话，先是安慰、劝解，然后将此事告诉了贝尔门，最后又是苏告诉琼西，这片叶子是贝尔门画上去的。贝尔门听苏说出琼西的想法后，先是流泪，接着在一个凄风苦雨的夜晚，冒着生命危险，艰难地画上那一片叶子，而自己却病倒，再也没有起来。

根据以上分析，教学时我选择以常春藤叶子作为切入点，设计了如下问题：常春藤叶子对于小说中的主要人物意味着什么？教师和学生共同围绕这个问题分析课文。琼西看到最后一片常春藤叶子落下就想离去。假如最后一片叶子不落，琼西也就不会产生轻生的念头，所以，最后一片叶子对琼西意味着新生的希望。苏先是安慰琼西，接着告诉贝尔门，最后说出真相。苏是联系两个人的纽带，所以，最后一片叶子对苏来说是友情的象征。贝尔门听苏说出琼西的想法后，两只发红的眼睛迎风流泪，嗤笑琼西这种痴呆的胡思乱想。这表明他富有同情心，正是因为这种善良的品格，他才能想到在风雨交加的漆黑夜晚画上那最后一片叶子，而自己却因病死去。贝尔门在艺术上一生失败，却在生命的最后完成了一件无价的作品。因为这片叶子挽救了一个年轻的女画家的生命，所以最后一片叶子对贝尔门来说就是生命的"杰作"。

通过最后一片叶子切入课文，我们达到了分析人物形象的目的，完成了课文的主要内容。接着，通过最后一片叶子分析小说的艺术技巧，可以设计这样一个问题：为什么这片画上去的常春藤叶子瞒过了琼西的眼睛？这就是写作技巧中的伏笔和照应。如：

她躺在一张油漆过的铁床上，一动也不动，凝望着小小的荷兰式玻璃窗外对面砖房的空墙。

只见一个空荡阴暗的院子，二十英尺以外还有一所砖房的空墙，一棵老极了的常春藤，枯萎的根纠结在一块，枝干攀在砖墙的半腰上。

经过了漫长一夜的风吹雨打，在砖墙上还挂着一片藤叶。

课文提到"砖房的空墙""二十英尺以外""枝干攀在砖墙的半腰上"，目的是为贝尔门在砖墙上画上最后一片叶子和琼西看到后未能辨别真伪埋下伏笔。"在砖墙上还挂着一片藤叶"则是对前面伏笔的照应。

课堂结束时，教师可围绕最后一片叶子布置练习和作业。练习是补叙小说里的故事，想象琼西是如何继承老画家的遗志去实现自身价值的。作业是想象贝尔门是如何在那个漆黑的风雨交加的夜晚画上那片常春藤叶子的。这既能联系文章的内容，又能激发学生的想象，提高写作能力。

以前，讲授这篇文章时，按照文学常识、文章结构、人物性格、艺术技巧几方面理解课文，两课时尚不能讲完，而且重点不突出，层次不分明。现在以最后一片叶子为切入点，一节课即能讲完全文，而且突出重点，注重学生能力的培养，真是抓一叶而知全文。

一个执着于美感的人
——解读海子

从明天起，做一个幸福的人

喂马，劈柴，周游世界

从明天起，关心粮食和蔬菜

我有一所房子，面朝大海，春暖花开

从明天起，和每一个亲人通信

告诉他们我的幸福

那幸福的闪电告诉我的

我将告诉每一个人

给每一条河每一座山取一个温暖的名字

陌生人，我也为你祝福

愿你有一个灿烂的前程

愿你有情人终成眷属

愿你在尘世获得幸福

我只愿面朝大海，春暖花开

　　这是海子的一首诗——《面朝大海，春暖花开》，不幸的是，海子写完这首诗的两个月后就在山海关卧轨自杀。诗人为什么选择自杀？这是很多人解读海子时探讨的一个问题。那么，我们先从这首诗开始解读。

　　"喂马，劈柴，周游世界""关心粮食和蔬菜""有一所房子，面朝大海，春暖花开"。第一章中，诗人描绘的是他想象中的尘世生活：清苦却不乏浪漫。如果诗人真能过上这样的生活，他完全能够走出封闭，摆脱孤独，成为一个幸福的人。但他不能，"从明天起"正表明今天不幸福。

　　诗人的心灵是善良博爱的，从第二章开始，他就走出个人的憧憬，迈入了更广阔的群体领域。他要把那未知的尘世的幸福告诉"每一个亲人"，他渴望别人能够分享他的幸福，真诚地希望与世界有精神沟通。就连对陌生人，诗人也要送去美好的祝福，"愿你有一个灿烂前程，愿你有情人终成眷属，愿你在尘世获得幸福"。而诗人自己呢？"我只愿面朝大海，春暖花开"，最终，他把自己隔绝到了尘世生活之外。

整首诗中，诗人描绘了尘世的幸福生活，并祝愿亲人甚至陌生人也能获得幸福。但在满溢着"幸福"的诗句背后却隐含着一种挥之不去的悲凉感。这种悲凉感正是诗人不能融入尘世生活的孤独感的流露。诗人短暂的人生经历其实很简单。考入北大之前，他一直在农村生活。诗中所描绘的喂马、劈柴的生活，正是诗人早年生活的真实写照。但诗人却有一颗敏感圣洁的童心，在极端贫困、单调的生活环境里，他凭着杰出的才华、敏锐的直觉，奇迹般地创作出将近两百万字的诗文。海子是诗歌的理想主义者，他用自己的创作实践着自己的诗歌理想。也正因如此，注定他难以融入世俗的生活中，注定他的灵魂永远在诗的王国中游走。

海子是一个具有诗人气质的人，他始终保持一颗纯朴的童心。早年的生活经历以及其间的欢乐和痛苦是他终生不能忘记的。他用孩子般天真单纯的眼光来感受世界和人生，不受习惯和成见的束缚。然而，现实世界是成人统治的世界，残酷的现实常常无情地挫伤诗人未泯的童心。一个执着于美感的人，在残酷的现实面前，如果不能有超脱之道，就无法寻求心理上的平衡。隐居孤岛寻求浪漫的顾城在巨大的生存压力下，选择自杀，这表示他对于自身和外面的世界已经彻底绝望。"黑夜给了我黑色的眼睛，我却用它来寻找光明。"但他终究没有找到光明。奥地利作家茨威格一直渴望出现一个各民族和睦相处的世界，但他的理想在第二次世界大战中彻底破灭，于是，他和妻子双双自杀于巴西。死亡对他来说也许是一种解脱。而另一些诗人同样执着于美感，却有超脱之道，从而寻求到心理的平衡，这种人能够安享天年，苏轼就是其中之一。读苏东坡豪迈奔放的诗词文章，怎么也不会想到，他有如此坎坷艰难的一生。歌德、泰戈尔也是执着于美感而具有超脱之道的人，因此他们也走完了坎坷却完整的一生。

海子已经离我们远去，大海是他的安魂之处。但他那颗执着于美感的童心却像精灵一样自由地、长久地飞翔，在远离世俗的世界中。

背 诵
——学习语文的金钥匙

我曾听过一名小学语文教师的故事，那位老师教小学三年级。第一堂课，她给每个学生发一张印有《滕王阁序》原文的纸，让学生在两周时间内背诵下来。学生十分听话，在两周时间内全部背诵下来。谁知这位老师又发给每个学生一张纸，让学生接着背诵白居易的《琵琶行》。他从不布置其他作业，只有背诵。结果，家长不愿意了，纷纷来找校长。校长找到这位老师，批评她胡闹。这位老师平静地说："给我一个月时间，如果还有家长来找，我主动辞职。"没想到一个月之后，更多的家长找到校长，希望自己的孩子可以转入这位老师所教的班级。原来，学生背诵完《琵琶行》，仅用两周时间就将三年级语文上册书中所有的诗歌和文言文都背诵下来了。因为，在成功掌握《滕王阁序》和《琵琶行》两篇古文后，背诵其他诗歌对于学生来说简直是小菜一碟。此后直到小学毕业，这位老师坚持让学生进行背诵练习。升初中时，班里有几名学生去省重点初中面试，老师问他们有什么特长，他们说会背诵课文。老师问他们会背诵什么，他们说老师让背诵什么他们就能背诵什么。老师听后十分惊讶，便让他们背诵王勃的《滕王阁序》，本以为这是不可能的事，结果孩子们背得行云流水。于是，这几个孩子顺利升入省重点初中。初中时，在语文这一学科上，他们的表现是班里其他学生比不了的。

这个故事表明，背诵在语文学习中具有非常重要的作用。

背诵究竟有什么意义？概括起来大致有以下几点：

第一，背诵能增长知识

要牢固记忆一些知识，单靠理解是不行的。理解只能停留在浅层表面，只有背诵，才能改变我们的"大脑素质"。只有背熟的知识，才能内化于心，融入血液，经久不忘。为了鼓励背诵，我经常对学生说："十年之后，如果有人问你高中语文学了什么，恐怕留在你记忆深处的就是你背诵的这些文字。"背诵可以使我们精确牢固地掌握一些重要知识。如果我们头脑里没有积累这些知识，关键时刻自然是提取不出来的。总之，勤于、善于背诵可以使我们的知识库存日益丰富。

第二，背诵可以增强语感，积累优美语句，模仿文章的写作思路

写文章时，头脑里积累的名言名句，可以直接拿来用，自然可以写出生动优美的文章。古语云："熟读唐诗三百首，不会作诗也会吟。""读书破万卷，下笔如有神。"都是说背诵有助于写文章。其实这就是借鉴，去看看宋人洪迈的《容斋随笔》和西汉枚乘的《七发》，我们就会明白什么是借鉴；王勃《滕王阁序》中的名句"落霞与孤鹜齐飞，秋水共长天一色"，借鉴了南北朝庾信《马射赋》里的"落花与芝盖齐飞，杨柳共春旗一色"；李白《行路难》中的诗句"长风破浪会有时，直挂云帆济沧海"，也是直接化用南朝宗悫的"愿乘长风，破万里浪"。如果不熟悉这些诗句，又怎么能够如此娴熟的运用？

第三，背诵能提高记忆力，保持思维的灵活性

许多成功人士都是通过背诵获得非凡记忆力的。世界首富比尔·盖茨七岁能非常熟练地背诵《圣经》里约三万字的《马太福音》，相当于六本五千字的国学经典《道德经》。他的记忆力得到空前的开发，成为别人眼里的神童，尤其是在感兴趣的事情上，他更是表现出了超长的记忆力。

辜鸿铭十岁背诵歌德的长诗《浮士德》，之后用了不到一年的时间，又将由三十七部戏剧组成的"莎士比亚全集"背熟。此时，他的德文和英文水平已经超过了一般大学毕业的文学学士。他精通九国语言，国学造诣极深，曾获得十三个博士学位。他的思想影响跨越了 20 世纪的东西方，是一位学贯中西、文理兼通的学者，也是近代中学西渐史上的先驱人物。晚年，他回忆自己的一生经历，曾说："有些人认为记忆好坏是天生的，不错，人的记忆力确实有优劣之分，但是认为记忆力不能增加是错误的，人心愈用而愈灵。"

第四，背书可以提升气质

头脑里的知识多了，就可以引章摘句，谈吐自然不俗。正所谓"腹有诗书气自华"，高雅不凡的气质源于书香熏染。"气"不仅指背书带给人的儒雅之气，更是指面对人生失意和窘迫时所表现的乐观豁达的态度。背诵可以提升人的精神境界，使人脱离低级趣味，养成高雅脱俗的气质。曾国藩曾经对儿子曾纪泽说："人之气质，由于天生，本难改变，唯读书则可变化气质。"

曾国藩本人天资一般，曾有这样一个故事：一天晚上，曾国藩从私塾回家。有一个小偷在他的屋里偷东西，听到脚步声赶紧藏到床底下。曾国藩进屋后开始背书，一篇文章读了上百遍还是背诵不下来。小偷实在控制不住自己，从床底下钻出来，来到曾国藩面前，拿过书扔在地上，吼道："就你这么笨，还读什么书，我在床底下都听会了。"说完，小偷很流利地把曾国

藩背了大半夜都没有背下来的文章，一字不差地背诵下来，然后扬长而去。二十多岁的曾国藩还如此平庸，然而，三十岁后的曾国藩却与以前判若两人，气质发生了根本变化，而且这种变化是深刻持久的。

第五，背诵能培养创造力

网上流行一种观点：背诵古诗容易扼杀孩子的创造力，素质教育不应该再推崇死记硬背。对于这种观点，我始终不赞同。犹太教育培养出了很多诺贝尔奖获得者，他们的教育就是"以记忆学习为中心"，强调"反复朗读"。犹太人从孩子幼小时就开始培养他们的背诵习惯。犹太教徒早上礼拜时所用的祈祷书大约有一百五十页，他们每天早上都必须要朗读，在朗读过程中，每个人都能背诵。一旦在脑部建立起了大容量的记忆系统后，接下来，就很容易吸收各式各样的知识，创造性的思维正是建立在储藏了丰富知识的头脑中。记忆的容量越大，越容易产生新的创造发明。

当今，各种教育方面的研讨会从各种角度提出素质教育，却没有人提出背诵的重要性，没有人说出背诵有利于素质教育。我强烈地呼吁让全社会形成背诵的风气吧！让孩子从幼儿园到小学到中学都坚持背诵，社会、学校、家庭都去关心孩子的背诵。十年之后再看，中华文化将会传播到世界的各个角落。

忏悔的人生

——读《列夫·托尔斯泰传》有感

1910 年，八十二岁的列夫·托尔斯泰离家出走。俄国寒冷的深秋和激动的心情，旅途的困顿和疲劳，终于使这位衰弱的老人病倒。这位享誉世界的文学巨匠走完了生命的最后历程。

这位俄国的伟大作家，为什么会在晚年选择离家出走？我们可以从他给妻子写的最后一封信中窥见一二："我不能再在这种奢华的环境中生活了，我要像我这个年龄的老人所习惯的那样去做，从尘世的生活中逃出来，在孤独和寂寞中度过自己的晚年。"为什么托尔斯泰不安享晚年？也许只有了解了他的一生，我们才会明白他晚年的心境。

在列夫·托尔斯泰的童年中，令人印象最深的是能给所有人带来幸福的小绿棒的故事。在喀山大学就读期间，托尔斯泰对卢梭的学说产生过浓厚的兴趣。在部队服役期间，在各场战役中，他看到平民出身的军官和士兵的英勇精神和优秀品质，加强了他对普通人民的同情和对农奴制的批判态度。退役回到家乡，他曾为农民子弟办学，后因沙皇政府干预，学校夭折。19 世纪 70 年代末到 80 年代初，托尔斯泰经历了一场世界观的激变，他否定了贵族阶级的生活，站到了宗法农民的一边。晚年托尔斯泰的思想发生了更明显的变化，他憎恶社会上的纷扰，讨厌亲友间的应酬，对自己优越的生活感到良心不安。他一再希望离开家乡，去过平民生活。他开始从事农业劳动，人们经常看到白发苍苍的托尔斯泰赶着马犁田或者砍柴。但是，托尔斯泰想用"自由平等"的小农社会生活来代替沙皇农奴制的主张，却没有得到任何人的响应，甚至遭到妻子和儿女们的反对，引起家庭矛盾。这一切使得托尔斯泰失去了继续在波良纳庄园生活下去的信心，于是，他离家出走，最终病逝他乡。

列夫·托尔斯泰本性善良，骨子里有着对农民的同情和对贵族农奴主的厌恶。他始终不渝地真诚寻求接近人民的道路，这一思想深刻地反映在他的三部不朽的文学巨著中。《战争与和平》的主题是俄国贵族的命运和前途，贯穿全书的主要人物可分为两类：一类以库拉金为代表，他们自私贪婪、虚伪堕落，在国难当头的时刻仍争权夺利、寻欢作乐；另一类是彼埃尔·别朱霍夫、安德烈·鲍尔康斯基和娜塔莎·罗斯托娃，他们接近人民，厌恶上流社会的空虚无聊，经过长期的精神探索，成为社会的精华。《安娜·卡列尼娜》以女主人公安娜追求爱情的悲剧和列文在农村面临危机而进行改革与探索这两条线索，描绘了俄国从莫斯科到外省乡村广阔而丰富多彩的图景。《复活》是托尔斯泰晚年最重要的作品，男主人公聂赫留朵夫是一个为自己和本阶级的罪恶而忏悔的形象，玛丝洛娃的不幸遭遇深深震撼了他，他决心用自己的行动来赎罪。聂赫留朵夫对人民苦难的同情，对本阶级罪恶的忏悔，以及在忏悔过程中的矛盾、彷徨，反映了作家本人的思想矛盾。

列夫·托尔斯泰同情农民，反对农奴制度，却又反对以革命的方法消灭农奴制，幻想寻找到自己的道路。他宣扬不以暴力抗恶和自我修身的说教，在残酷的阶级斗争面前不免有些幼稚。因此，他的思想令农民无法接受，令贵族农奴主充满敌视，他的内心时刻处于矛盾痛苦之中。他曾说人生不是一种享乐，而是一桩十分沉重的工作。托尔斯泰这种思想上的矛盾激荡，以及受农民思想的影响，促使他的世界观发生变化。从 19 世纪 90 年代中期开始，托尔斯泰增强了对社会现实的批判态度，对自己宣扬的博爱和不抗恶思想也常常感到怀疑。但他终究是贵族出身，他的农奴主身份使他认识不到阶级对立的不可调和性，因此，他的不以暴力抗恶的想法只不过是一厢情愿。在残酷的阶级斗争面前软弱无力。列宁对于托尔斯泰的一生做了如下概括："作为一个发明救世新术的先知，托尔斯泰是可笑的……作为俄国千百万农民在俄国资产阶级革命快到来的时候的思想和情绪的表现者，托尔斯泰是伟大的。"是的，托尔斯泰的伟大就在于他以天才艺术家所特有的力量创作了无与伦比的俄国社会的图画。他在自己的作品中能够反映从 1861 年农奴制废除后到 1905 年革命之间的重要社会现象，暴露了这个转折时期的很多"重大问题"。

列夫·托尔斯泰一生都在探索，然而，他最终也没能找到解决农民贫困的根本方法。他的贵族身份使他不愿意用暴力革命来处理阶级矛盾问题，正像巴尔扎克明知道旧贵族必然灭亡但又对本阶级怀有同情一样。他同情农民的困苦，一生充满忏悔，晚年的出走也许是对他忏悔人生的最好诠释。

如何理解"一千个读者就有一千个哈姆莱特"

"一千个读者就有一千个哈姆莱特"这已经成为文学史上的经典评论。即凡是优秀的文学典型都具有丰富的形象内涵，不同的时代、不同的读者都能从作品中读出不同的形象。那么，如何理解这句话，还是让我们从哈姆莱特关于"生存还是毁灭"的那段内心独白来解读吧。

当一个遭受命运沉重打击的人，读到"要是在一种睡眠之中，我们心头的创痛，以及其他无数血肉之躯所不能避免的打击，都可以从此消失，那正是我们才不得的结局"时，他们会赞赏哈姆莱特对死的无所畏惧。而当这类人看到哈姆莱特最终选择了活下来去斗争时，他们会对哈姆莱特活下来的勇气和为生存而斗争的坚强决心产生敬意，从而增强战胜困难的勇气，坚定活下来的决心。这类人物是很多的，像司马迁、贝多芬、保尔、史铁生等。

当一个怀着满腔仇恨的复仇者或者一个性格鲁莽的人看到哈姆莱特迟迟不敢行动，以至于失去复仇的机会时，他们会说哈姆莱特性格太忧郁而不能干大事。事实上，哈姆莱特从事的是人文主义对抗封建主义斗争的工作，他扛起的是扭转乾坤的任务，他面对的是从来没有任何一个旅人回来过的神秘之国。持这种观点的人只看到哈姆莱特的行动延宕，而没有深入理解他的内心。

当清醒者和批判者读到"谁愿意忍受人世的鞭挞和讥嘲、压迫者的凌辱、傲慢者的冷眼、被轻蔑的爱情的惨痛、法律的迁延、官吏的横暴和费尽辛勤所换来的小人的鄙视"时，他们会赞赏哈姆莱特的清醒和对现实的批判。

当有理想、有信仰的人读到"倘不是惧怕那不可知的死后，惧怕那从来不曾有一个旅人回来过的神秘之国，是它迷惑了我们的意志，使我们宁愿忍受目前的折磨，不敢向我们所不知道的痛苦飞去"时，他们会佩服哈姆莱特对理想和信仰的执着，会赞赏哈姆莱特为了理想和信仰而没有盲目行动的理智和清醒。

思想家会看到哈姆莱特深刻的思想，探索者会感悟哈姆莱特探索的艰难。我想，不管什么时代、什么读者都会读出不同的哈姆莱特，这一艺术形象以其丰富的内涵展现出无穷的魅力，像璀璨之星永远闪烁在世界文学的画廊中。

关于课文的导入语和结束语

一篇课文的导入语和结束语对课堂教学效果有着至关重要的作用。语文课堂教学中，我很注重设计导入语和结束语，让学生品味语言文字的美，培养学生学习语文的兴趣。下面是我设计的几篇课文的导入语和结束语：

《琐忆》

导入语：

同学们，我们知道，鲁迅先生是我国伟大的无产阶级文学家、思想家、革命家。我们学习了《孔乙己》，知道了他深刻地揭露了国民的弱点；我们学习了《鲁迅自传》，了解了他弃医从文的爱国情怀；我们学习了《拿来主义》，知道了他对待文化遗产的态度是严肃的；我们学习了《纪念刘和珍君》，知道了他对反动派以及走狗文人是痛恨的。先生的思想，像暗夜中的一弯新月，指引人们向着光明的彼岸前行。我们品味他的独特的行文风格，剖析他的深刻思想，却忽视了他在日常生活中的言谈举止，而《琐忆》正是从这一角度来评价鲁迅的。让我们以不同的视角，重新探视鲁迅的内心世界，了解他的伟大人格。

结束语：

历史的潮涌会冲刷掉许多曾显赫一时的名字，但时间的淘洗也会使一些人的业绩更加光彩夺目。几十年的风风雨雨过去，随着人们认识的不断提高，鲁迅的思想也获得了新的理解和崇敬。没有伟大人物的民族是可怜的民族，有了伟大人物而不知尊敬、爱戴和敬仰的民族，是没有希望的。鲁迅的言行为后世效仿，鲁迅的价值将永垂不朽。

《在马克思墓前的讲话》

导入语：

历史的长河中，不乏伟大而动人的友谊，可以说，欧洲无产阶级的理论就是由两位学者和战士共同创造的，而他们的友谊也被镌刻在永恒的丰碑之上。1844 年，马克思和恩格斯相见于巴黎。从此，这两位巨人就结为挚友，共同为全世界无产阶级的解放事业奋斗了近四十年。对于马克思了解得最清楚者，莫过于恩格斯；对于马克思逝世后所造成的巨大损失的洞察最深刻者，也莫过于恩格斯。在我们将要学习的这篇悼词中，既体现了恩格斯对马克思逝世的深切悼念，也表达了恩格斯对马克思生前为无产阶级做出的伟大贡献给予崇高的评价和热情的赞扬。

结束语：

1917 年，俄国十月革命，建立了第一个社会主义国家。1949 年，中华人民共和国成立，充分证明无产阶级的解放事业是不可阻挡的历史潮流。这是对马克思主义的继承和发展。伟人的思想像暗夜中的灯火，指引着人们向着光明前进。

《向中国人脱帽致敬》

导入语：

著名的爱国将领吉鸿昌旅居美国时，特意制作了一个写着"我是中国人"的小牌子，以表明自己是中国人。他的做法不禁让我感到骄傲自豪，因为他维护了国家的尊严。我们常常把祖国比作母亲，是啊，对于一个人来说，还有什么比对生于斯长于斯的祖国感情更深厚的呢？所以，维护国家的尊严是人最基本的信念。今天，我们将学习一篇关于炎黄子孙维护国家尊严的文章，相信读过这篇文章后，我们一定会觉得扬眉吐气。

结束语：

说到主权问题，我想起钓鱼岛。众所周知，钓鱼岛是中国领土，但是近年来发生的种种事件，却让我们感到义愤填膺。但中华民族是一个讲究礼仪的民族，我们不会采取过激的行为。那么，面对复杂的国际形势，我们该怎么应对？我想，对于我们来说，重要的是拥有一颗爱国心。

《永遇乐·京口北固亭怀古》

导入语：

宋词根据内容、风格的不同，分为豪放词和婉约词，豪放词多写怀古伤今，风格慷慨悲壮；婉约词多写离情别绪，风格细腻缠绵。豪放词的开创者是苏轼，他创作的《念奴娇·赤壁怀古》是豪放词的开创之作。此外，我们还应该认识豪放词的另一个代表人物辛弃疾，他创作的《永遇乐·京口北固亭怀古》被称为豪放词的压卷之作。今天，我们就来学习这首传颂千古的著名词作。

结束语：

辛弃疾不顾自身年迈，毅然承担起抗金的重担。在前线他积极准备，然而南宋当局根本无心抗金，他刚刚被启用，又被罢免。他只好无奈离去。1207 年，也就是写下这首词的第二年，一代词人辛弃疾含恨离开了人世。他一腔报国的赤胆忠心和收复山河的雄伟壮志，也就此付之东流。

《将进酒》

导入语：

酒入豪肠，七分酿成了月光，

余下的三分啸成剑气，

绣口一吐，就是半个盛唐。

台湾诗人余光中评价的是哪位诗人？

结束语：

《将进酒》这首诗笔墨酣畅，感情大起大落，具有震撼古今的气势和力量。但是李白为什么会狂歌痛饮，愿长醉不醒呢？"与尔同销万古愁"，从这气势磅礴的诗句中，我们可以体会到诗人那潜在酒话之下的如波涛汹涌般的愤怒情绪。希望同学们课下反复朗诵，体会诗人的情感变化。

《再别康桥》

导入语：

剑桥的留学生活给徐志摩留下了深刻的印象，大自然的优美、宁静激发了他的灵性。"我敢说，康河是世界上最美丽的一条水。"徐志摩曾对康河发出过如此深情的赞美。

六年后，徐志摩重游英国，他一个人悄悄来到了久别的母校，漫步于寂静的校园，怀念逝去的美好岁月。但斗转星移，物是人非，没有人认识他，满腔的热情和对母校的眷恋之情无处倾诉，前来寻梦的诗人怅然若失。乘船归国途中，诗人挥笔写下了这首诗。

结束语：

徐志摩和闻一多等人曾组建新月诗派，新月派的理论主张是"音乐美、绘画美、建筑美"。《再别康桥》很好地体现了"三美"的主张，同时又极为自然，毫无斧凿之痕。希望同学们反复朗诵，体会这首诗优美的意境和清新的语言。

语文课堂应体现出文学性和语言美，精心设计课文的导入语和结束语，可以很好地体现这一语文教学理念。愿广大的语文教师，在教授每篇课文时，都能精思附会，设计出优美生动的课堂导入语和结束语。

语文教学中的探索与体会

回顾十年的语文教学工作，我进行过一些探索，也得到了一些体会，现在写出来，与大家共同探讨。

刚毕业时，因为自己热爱文学，所以也想着让学生喜爱文学，于是每篇课文的导入语和结束语，我总是编写一段很有文采的文字。譬如，我为《琐忆》《在马克思墓前的讲话》等课文设计的导入语，都曾深得听课教师的好评。

不仅如此，为了提高学生的写作水平，每讲一篇课文，我总是设法让学生练习写一两个片段。我对学生说："我从来不布置具体作业，每次作业就是写一段文字。如能坚持下去，你的写作水平一定会有很大提高。"譬如，讲《拿来主义》时，我让学生写"浅谈鲁迅对待文化遗产的态度"；讲《在马克思墓前的讲话》时，我让学生学写一段悼词，纪念一位逝去的亲人；讲《荷塘月色》时，我让学生描写一处月光下的情景。

我教的是职业高中，高考时，阅读理解题涉及课内的文章，于是，我便让学生背诵重点段落，帮助学生梳理段落中的知识点。这样，一学期背诵几十个段落，学生有了一定的积累，而且学会在段落中找知识点，语文成绩也得到了普遍的提高。

前两年，我又开始教高一，又开始一篇一篇地讲授课文，我便尝试了一些新的教学方法。譬如，对于每篇必修课文，一定要留出一节课时间预习。预习时，我要求学生做到两点：第一，根据题目，判断文体。读每一段时，先读第一句，猜测内容，写出自己的疑问。第二，看完全文，概括文章主要内容，找出自己认为最精彩的段落和细节，加以评论。

从事语文教学已经十数载，我探索过多种教学方法，自认为都是行之有效的。而且每尝试一种新方法，我都为之激动，为之感慨，但至今教学成绩仍然平庸，甚至毫无建树。深究原因，正是在于没有坚持，这教训无疑是惨痛的。

管理篇

己所愿，勿强加于孩子

希腊神话中有一个故事——《普罗科鲁斯特斯之床》，恶魔普罗科鲁斯特斯有一张床，他守在路口，见到行人就把他们抓来放在床上量一量，太长就用斧子砍去脚，短了就拉长，以便符合床的标准。结果被他丈量过的人，没有一个能活着的。

这则故事在育人模式和人才标准上给我们太多的启示。很多家长和教师都在用普罗科鲁斯特斯的标准来衡量学生，无意中充当着恶魔这一角色。

我教过的一个学生，现在正上高三。他妈妈是一名教师，和我是同事。他妈妈是个很要强的人，对孩子要求很严，孩子只要有一次考试成绩不理想，就会遭到打骂。上小学时，周一到周五，除了老师布置的作业，她每天还要给孩子另外加几道题；周六、周日，孩子还要参加至少两个辅导班；假期更不用说，要参加更多的辅导班。孩子很聪明，也很争气，从小学到初中，成绩一直很好。升入高中，他也顺利进入快班学习，让很多家长羡慕不已。有同事对她说："你儿子那么优秀，你应该知足，不能对孩子过分严厉。"哪知，她气愤地说："我宁可省吃俭用，也不让孩子输在起跑线上，我要让他在各方面成为最优秀的。"但是，事情往往过犹不及。她把自己的主观愿望强加于孩子，换来的结果是，孩子八百度的近视镜，高三时成绩直线下滑。不知道面对这样的结果，她作为家长会怎样想、怎样做？是继续充当恶魔，打骂孩子，还是对自己的行为深刻反省。

很多家长虽然不会像这个家长那么主观要强，但是，或多或少也有过把自己的意愿强加给孩子的时候。譬如，强迫孩子上一些令他们厌恶的学习班，严格规定孩子玩耍的时间，过分看重孩子的成绩。这样做的结果只能导致孩子产生厌学、考试作弊等不良行为。我曾经见到过一个刚升入初中的学生，暑假上英语辅导班，老师随便出了几道题，这个孩子没考及格。当看到分数时，他大哭起来，并对老师说不要告诉他妈妈，不然，他的脸会被打肿。毋庸置疑，每位家长都希望自己的孩子成龙成凤，都希望自己的孩子能上重点小学、重点初中、重点高中、名牌大学。如果孩子不能达到预期，有些家长就会惩罚孩子，强迫孩子上各种学习班。家长把自己的主观愿望强加于孩子，不顾任何条件地瞎指挥，其结果只能适得其反。孩子小，没有反抗能力，不管心里多么不愿意，也不得不顺从。一旦长大，到了青春期，面对家长的强迫，他们就会表现出强烈的反抗。科学研究表明：家长对孩子的期望值如果超过了社会需要和孩子身心发展的内在规律，就会严重影响孩子的性格、社会适应能力和身心健康。

我们做教师的有时也会把自己的主观愿望强加给学生，或按照自己的标准评价学生。经常听一些老师抱怨某学生的发型、某学生的衣服、某学生的言行举止，等等。不可否认，现在的孩子确实难管，但是，现在的孩子有属于他们这个时代的生活方式和审美标准。我们做老师的如果按自己的标准评价学生，那就犯了主观主义的错误，现实中必然会导致师生关系变差，教学质量也更难提高。有些老师对成绩好的或者进步较快的学生笑脸相迎，百般呵护；对成绩差或者退步的学生则横眉冷对，一脸冰霜。学生畏惧老师，又怎么愿意和老师交流，成绩又怎么能提高上去？有些老师给学生定下前进的目标，这本来是好现象，但是对于退步的学生，老师不应该歧视，更不应该惩罚。

学生是一株苗壮成长的幼苗，让他们自然地生长吧，无论是阳光雨露还是狂风暴雨，都是成长过程中必不可少的经历。家长和老师不应该过度施肥浇水，更不应该揠苗助长。爱和尊重是教育永远的本质，无论是家长还是老师，都应当时刻尊重学生，关爱学生。只有这样，才能让学生的兴趣得以培养，个性得以展现，智慧得以提升，身心得以舒展。把自己的主观愿望强加给孩子，只能背离教育的本质规律，导致恶劣的结果。

黑板该谁来擦

今天是周三，上课前我按照惯例去教室察看，发现黑板还没有擦。我问三组该谁擦黑板，马晓宇同学站起来说："老师，今天该我擦，但是黑板上的字是昨天写的，应该让二组的张芳浩擦。"听他这么说，我有点生气地说："昨天早晨张芳浩也擦黑板了，他怎么不让一组的擦？你怎么这么多事？该你擦黑板，你理由还不少嘞？还有五分钟就要上课了，你赶快把黑板擦干净，下课后我来检查。"说完，我气呼呼地走了。

第一节课后，我来检查，黑板果然已经被擦干净了。我问其他同学是谁擦的黑板，学生说是马晓宇。我想这孩子还算听话，看来我的一番训斥还是有作用的，我颇有点得意。这时，马晓宇从外面走来，看了我一眼，直接走进教室。看来这孩子有点生我的气。我不禁思考，我的做法是否过于武断？

仔细想想，马晓宇说的话也有一定道理，昨天的内容就应该由值日生在昨天擦干净，如果每个人都能把当天的活干完，就不会出现这个问题。每天晚上都是自习课，学生都不愿意擦黑板，于是留给下一组。这是懒惰的表现，长此以往，不利于好习惯的养成。当然，如果同学们都认可晚自习的黑板该留给下一组擦，也没有任何问题。现在，马晓宇同学提出这个事情，就说明这个问题在同学心中存在争议。晚自习时，针对这个问题，我召开了一场班会。我首先肯定了马晓宇的做法，然后，我让学生探讨一个问题："黑板上昨天写的内容，是否应该留到今天擦？"讨论之后，几个同学发言，一致倾向于昨天的内容昨天擦，不能留给下一天。于是，按多数人的意见，决定以后晚自习要把黑板擦干净，不能留给第二天。如果某位同学忘记，那就按照马晓宇说的，第二天早晨再由这位同学擦。下课后，我发现马晓宇很高兴。

一件微乎其微的小事，如果处理不当，会让学生心里不服，对老师有成见，学习情绪会受到影响，甚至从厌恶老师到厌恶这一门课。一件小事就有可能改变学生的一生。我国著名教育家陶行知先生说："教育无小事，事事皆育人。"是啊，教育无小事，老师的一言一行都必须着眼于学生的长远发展。伟大正是存在于细节之中。

教育无小事，教师无小节。小节本指非原则的事情和细微的言谈举止以及平常为人处事的态度、方式等。小事、小节虽"小"，却能体现一个人的思想、道德、文明、志趣、知识等方面的修养和基本素质。学生的向师性强，往往把教师的一言一行、一举一动都作为自己学习的内容，这就要求教师从言行到举止，必须高度自律。教师很可能自觉或不自觉地忽略了自身角色的小节，从而因小失大，对学生的心理产生不良的影响。

县级职业学校如何发展

作为一名在县城职业学校任教十几年的教师，我始终为职业学校的发展而焦虑、困惑。县级职业学校究竟应该如何发展？

我认为应该多元化办学。所谓多元化办学，就是在一所职业学校中，升学和就业都要重视。一个县城确实需要办一所较大规模的职业学校，才能满足不同基础、不同层次人才的需要。

建一所规模较大的职业学校，需要集中人力物力，不要认为职业学校可有可无，职业教育在国民经济中的作用绝不比普通教育小。现在党和国家非常重视职业教育的发展，但是由于多数学生及家长对职业教育缺乏认识，职业学校的招生困难重重，学校招生规模上不去，社会对职业学校的发展也不够重视。

下面，我从升学和就业两方面谈谈县级职业学校的发展。

升学方面：一所县级职业学校应该主要抓升学。现在农民生活富裕了，就把希望寄托在孩子身上。家长不希望孩子早早就业，所以职业学校只有把升学办好，才有家长愿意把孩子送到学校，职业学校招生难的问题才能得到解决。现在，党和国家大力发展职业教育，建立了完整的职业教育学制，即从中职到大学再到研究生，满足了广大农民以及他们的孩子对知识的渴求。为此，县级职业学校应该抓住这一机遇，在升学方面加强管理，不断完善，多开设专业，才能满足学生的不同需要。例如，我们学校现在开设了机电、计算机、幼教和财会专业。但是，初中招生时，有的学生想学习其他专业，所以只好到别的学校。因此，学校领导应该根据本校实际情况，不断增设专业，建筑、服装、种植、化工、护理等专业都应该开设。每开设一个新专业，都需要招聘专业教师，建立车间，需要三到五年时间才能完善。但是无论困难有多大，我们都要想办法克服，不断增设专业，才能满足学生的不同需要。

就业方面：最近几年上就业班的学生越来越少，而且流失严重。原因是多方面的：一是社会上企业增多，学生不上学也能找到工作；二是家长对孩子直接上就业班的反感；三是学生基础差，对学习文化知识不感兴趣，学校的设备陈旧落后，学生看不到前途，厌学辍学。但是，现在国家正需要大批的技工人才，学习数控、模具和机加工的学生毕业后很好找工作。那么，学校方面应该怎样解决这一矛盾？唯一的办法就是多让学生实践。学校要想尽办法购买新设备或者实行校企合作。校企合作的一种方式是企业为学校提供设备，学校帮助企业加工产品，这样既解决了学校资金不足的问题，又解决了企业用工困难的问题，双方互利共赢。另一种方式是学校每周派学生去企业实习几天。这需要企业距离学校近，因此，这种方式对县级职业学校而言很难实现。总之，就业班的学生必须参与实践，只有实践才能激发学生的积极性和创造性，学校才能减少学生流失，为国家培养更多的专业技工人才。

如何解决职业学校的生源问题？这是县级职业学校最头痛的问题。招生困难，生源流失严重，原因是多方面的：第一，家长和学生对职业学校缺乏认识。在部分家长的观念中，上了职业学校，孩子以后就没有任何前途可言了。在部分学生的认识里，上职业学校就代表自己比别人笨，因为每年分流进职业学校的都是成绩差的学生。第二，招生之后，学校的教学和管理让学生看不到任何前途，以致厌学辍学。第三，生源水平参差不齐，有的学生基础差，学不会；有的学生性情顽劣，打架斗殴。这要如何解决？最好的办法是与普通高中合并。一个有着五六十万人口的县城，每一级初三毕业生如果有六千人左右，最适宜办两所高中。一所是普通高中，集中成绩好的学生，每年招生三千人；另一所则是普通高中与职业高中相结合的学校，除了招收一些基础差且自愿上职业学校的学生直接进入就业班，还可招收成绩稍好一些且不愿上职业学校的学生，进入升学班。高二下学期，根据学生成绩进行分流，成绩差的学生可以考职业大学，成绩好的学生则努力考入普通大学。就业班的学生可以享受国家对职业教育的优惠政策，升学班的学生则不能享受。这样经过三五年的时间，职业高中就会得到学生、家长的认可，生源不再成为问题，本科升学率也能得到提高，学校办学条件得到改善，就业安置也会趋向良好。

不要吝啬你的表扬

表扬是一门艺术，作为班主任尤其要学会表扬。多年的班主任工作，令我对此有了切身的经验和体会。

老师应尽力发现每个学生身上的优点，当学生出现问题，先表扬，再指出问题，让他们自己认识到错误，问题很容易就能解决。一天，下课后语文老师气愤地对我说："冯成这个学生气死我了。他迟到了，我让他站在教室门口，他不听，说是老师找他，他想直接回到座位上，我不让，他就和我吵开了。"我赶紧劝慰几句："不要和小孩子一般见识,这个学生性格有点倔,不过品行还不错。回头我跟他谈谈,让他给你道歉。"我并没有马上去找冯成,而是等到上自习课时才把他叫到办公室。我笑着问他："知道我为什么让你来办公室吗?"他说:"我惹语文老师生气了。"我说:"当时听说是你,我感到很惊讶,心想冯成是个品行很好的学生,怎么会和老师吵架呢?在我的印象中,你一直是一个听话、懂事的学生,今天,语文老师也说你品行不错,就是没想到脾气这么倔。不管有什么原因,你迟到了都是不对的,老师适当惩罚,让你引以为戒,你不应该和老师吵嘴。"听到这儿,他低下头说:"老师,我错了。"我说:"这样吧,回头你去办公室找老师道歉。"他说:"我现在就去。"我说:"不急,等语文老师下次上课时,你提前去找她,然后帮她把书拿走。"问题很容易就解决了,而且以后冯成每次见到我,无论距离多远都要给我打招呼,师生关系不仅没受到影响,反而更紧密了。

有时,表扬也能收到出乎意料的结果。2001 年,我教一个班的语文课。一次作文,有一个学生写了不足三百字,而且思路不清,内容平淡。我心想,现在的学生脑子里整天都想些什么乱七八糟的事,怎么会写这样的文章。我实在无法写下评语,只好写:"文章神思飞扬,别具一格。"八年之后,也就是 2009 年,我带学生参加春季高考。在场外等候时,突然有人喊"老师",我扭头一看,原来就是这个学生。他现在在一所职业大学的招生办工作,今天是来这儿招生的。一块吃饭时,他说:"老师,我最忘不了的是你,一次作文,你给我的批语是:'神采飞扬,别具一格。'正是这句批语让我找到了自信,开始发奋学习。"我立刻明白是怎么回事了。真是想不到,表扬会产生这样神奇的效果。

表扬能够化解学生心中的怨愤,把事情控制在萌芽状态。一天,我们班一名叫沙楠的女生的家长来到学校,气势汹汹地说有人欺侮他女儿,还说什么就在家门口受欺负，绝不能饶了那名学生。我看来者不善，直接把女生和家长领到政务处。我说："正好领导在，你先让学生说说是怎么回事。"沙楠哭泣着说，她和一名女生同时喜欢一个男生，那女生是纪律部的干部，和另外几名纪律部成员在楼梯口堵着她不让走，并在微信上骂她。主任说："你把微信聊天记录留着，我们会把那女生和家长叫来，如果情况属实，让家长把她领走，回家反省。"但是，凭借多年班主任工作的经验，我觉得事情没这么简单，根源问题得不到解决，光是惩罚学生没有意义。于是，我决定深入了解。我问沙楠："那女生在微信上骂你，那你骂她了吗？"她说："骂了。"我说："你很聪明，又是班里的团支书，你应该为同学做出榜样，怎么能做出这样的事？在学校里，两名女生为争一名男生而互骂，是很丢人的事，你怎么能参与这种事？你现在年龄还小，应当把精力用在学习上，你学习成绩那么好，可不能因此耽误前程。如果把那名女生和她的家长叫来，你们两个当面对质，都得回家反省，面上也不光彩。这件事可大可小，更可以化干戈为玉帛。你和那名女生本没有直接矛盾，可以面对面把话说开，握手言和。你那么聪明，我相信你一定会处理好这件事的。我再去找那名女生谈谈，让她主动来找你。"与沙楠沟通后，我又找到那名女生，将事件经过如实告诉她。我接着说："你是学生会干部，肯定知道问题的严重性，也知道如何处理。沙楠的工作，我已经做通了，她也很想和你和解。你应该主动去找她。"那女生问："什么时候去？"我说："现在，我领你去。"我把她领到我们班教室外，然后把沙楠叫出来，两个人见面后把话说开，又和好如初了。就这样，一场学生间的矛盾，在老师的表扬与劝解中成功化解。

表扬能充分调动班干部的积极性。每次结束周末休息，学生返校后，我都要找班干部谈话。我总是先肯定他们上周的成绩，再安排本周工作。同班长和纪律委员谈话时，我说："你们两个无论是品行还是能力，都是全班公认的，我非常欣赏你们。本周，班里还有哪些方面需要注意，咱们三人一定要把这几方面做好。"同卫生委员谈话时，我说："你是咱们班最大的功臣，工作细致，能吃苦，还能团结同学。"同体育委员谈话时，我说："论身高和体格，你最适合担任体育委员，我相信你一定能干好。"

表扬同学，源于一种爱。作为老师，一定要有大爱之心，热爱学生，热爱教育事业。如果看见某些学生，心里就产生厌恶，便不可能发现他们身上的优点。老师以爱心对待周围的一切，周围的一切也会报以阳光和温暖。

一定要让她上学

有一段时间，我每次去教室，都看到地上到处散落着塑料袋、吃剩的零食等，很脏很乱。于是，我便强调谁座位旁边有脏东西罚谁扫地，这样一来，教室的卫生状况虽然稍有改善，却未能彻底解决，这究竟是怎么一回事呢？

一天，有学生对我说班里有人卖东西。我很吃惊，作为学生怎么能卖东西呢？我去教室检查，原来有个叫王楠的女生在卖东西。我从她座位下拿出一个包，里面有辣条、鸡腿、咸鸭蛋之类的东西。我把她带到办公室，我说："你的想法很好，能说说为什么卖东西吗？"她说想挣点钱，不想再花家里的钱。我说："你很有孝心，你想挣钱，可以利用假期外出打工。上学期间这样做会影响你的学习。"她说："你以为挣钱那么容易吗？"我心想这孩子怎么这么说话，当着那么多的老师，一点也不给我面子。于是我生气地说：

"作为学生，你这样做就不行，严重影响班级卫生，以后不准卖。我见一次没收一次，这包东西先放这儿，你走吧。"她显出一副很委屈的样子，扭头走了。

事后，我反思这件事，觉得处理得太草率：她能想到卖东西赚钱，一定有原因，我当时应该问清楚。周末时，我又将那包东西还给了她。事情就这样过去了，我也没有再找她谈心。期中考试，她仍是班级第一名，而且比第二名高三十分，我为她骄傲，就想再找她谈谈，一方面是想表扬一下她，另一方面也为弥补上次草率处理"卖东西"事件。谁知我还没找她，她却先来找我了。然而，让我没想到的是她说不想上学了。"你学习那么好，怎么能不上学呢？"我给她讲了一通道理，还举了一些事例。她哭着说："我也想上学，但是，以后考上大学我也上不起。你不知道我家的情况。"我忽然意识到自己工作中的失误，怎么以前就没有想到问问她的具体情况。于是，我让她说说家里的情况。她说："爸爸有病，不能挣钱，平时在家打麻将。亲妈在我一岁时走了，我根本没见过。后妈有一儿一女，她常年在外打工。爸爸在家领着弟妹，我跟着奶奶。爷爷在我九岁时死了，是奶奶把我养大的。为了供我上学，奶奶每年都要去新疆拾棉花，每次回来，手都肿得老高，走路也一瘸一拐的，奶奶说是拾棉花时腿站累了，只好跪着拾。我不能再让奶奶为我受罪。我爸和后妈总想把我嫁出去，我才十六岁，不想结婚，所以上次来提亲的媒人被我骂走了。"听她说完，我一时不知说什么。停了一会儿，我问她以后打算怎么办？她说："我出去打工，挣了钱再回来上学。就是不知道学校能不能办休学。如果不能办，我就去市里找一所学校。"

这孩子很懂事，也很想上学，只是家庭条件不允许。我理解了她当初为什么想着卖东西，我更加为自己的草率处理感到后悔。一定要让她上学，我坚定地想，那么今后该怎么去帮她呢？我说："你的想法很好，有打工的地方吗？"她说她后妈在外面打工，可以帮她安排。我说："你先联系你后妈，有工作就去，从现在起，你一直工作到寒假开学，四个月时间，按一个月能挣两千算，就是八千。学校这边，我去请示，保留学籍。开学回来，你努力学习一学期，我把你的情况上报学校，争取让学校给你一个勤工俭学的机会。明年还有一千元的贫困补助，我替你申请。暑假两个月，你在县城找份工作，一个月挣一千五，两个月就是三千。暑假后再开学就是高三了，你努力学习几个月，五月份高考结束，再出去打工挣钱（高职生参加春季高考），四个月就能挣够你的大学学费。大学还有更多勤工俭学的机会，如果成绩好，还可以拿到奖学金和贫困助学金，而且还可以申请助学贷款。国家利用各种形式资助贫困学生完成学业，就是为了让学生学到知识，成为对社会有用的人才。你要明白困难是暂时的，也是可以克服的。只有考上大学，学到更多的科学文化知识，将来才会更有出息。等你大学毕业了，你的起点高了，视野宽了，能力强了，会找到更好的工作，上可以报效国家，下可以孝敬你奶奶。"王楠听我说完，高兴地说："我现在一点也不迷茫了，我一定按照你说的，努力学习。"

　　她回到教室，我的心情却反而更加沉重。这孩子眼前依然面临很多的困难，她亲爸和后妈能否让她继续学业？如果挣不到钱她还能否继续学业？如果遇到困难她的思想能否不发生动摇？我为她设想的这条路，发生任何意外都可能会被中断。如果能帮她，我会尽我所能，我最大的心愿就是一定要让她上学。

转化后进生要循序渐进

如何转化后进生是每位教师都应该认真思考的问题。多年从事教育教学工作使我深切地认识到：想要转化后进生，教师除了要具备转化后进生的自觉意识外，还要注意循序渐进。

第一，教师要爱后进生，还要让后进生理解自己的一片爱心。

经常听一些老师抱怨："某某学生太可气了。"如果抱着这样的心理，又怎能转化后进生？没有爱就没有教育，爱是教师教育学生的思想基础。不爱后进生，转化就是无稽之谈。但是爱后进生，也未必就能转化他们。我的体会是要让后进生理解教师的爱生之心，才能打开后进生那紧闭的心灵之门。爱可以是双向的，也可以是单向的。教师要转化后进生必须把单向的爱转化为双向的爱。一旦达到这个境界，不管是批评，还是表扬，都能产生理想的教育效果。但是，爱一个人需要一个过程，教师对后进生的心理认同也需要一个过程。

第二，教师要认识学生，还要让学生认识自己。

认识是理解的基础，也是因材施教、对症下药的前提。不能只在"差"上打转转，要正确认识学生，要对他们的学习习惯、生活环境、成长过程、父母期望程度都有所了解，搞清"差"的原因。但是多数情况下，老师们常常在领导面前抱怨学生基础多么差，根本不知道怎么学习。这样说除了让领导知道学生基础差，主要还是给自己找借口。这是一种不负责任的表现。

老师不但要正确认识后进生，还要引导后进生不断认识自己。很多正常的批评、帮助是很难令后进生接受的，甚至会起到反作用。作为教师，如果不能引导后进生正确认识自我，那么一切转化都将是空话。要做好这一工作，教师应经常帮助他们解剖自我，产生自我转化的内动力。但是，无论是认识后进生，还是让后进生认识自我，都需要一个过程，要循序渐进才行。

第三，教师要善于发现后进生身上的闪光点，还要为后进生的闪光点创造条件。

后进生身上也有闪光点，这是不容置疑的。发现他们的闪光点，及时给予表扬，是转化后进生的有效方法。而且我们可以在工作中更主动一点，创造一些条件，让后进生把光闪出来。在日常教学中，我采取过多种方法，如表扬法、分配任务法。当学生答对某个问题时，及时表扬；当学生按照老师的要求完成作业时，及时表扬；当学生反映一个问题时，及时表扬；甚至当学生什么闪光点也没有时，也要想办法给予表扬。有的时候，表扬可以改变一个学生一生的命运，这给了我们教育者很深的启示。对于后进生来说，表扬就是久旱逢甘霖，让他们从来没有受过表扬的枯萎之心得到浇灌。作为老师，我们一定要捕捉到后进生身上的一点点进步，并加以放大，让他们获得前进的动力。但是，这需要长时间的细心观察，不可能一蹴而就。

第四，教师要大胆起用后进生，还要注意提高他们的思想道德素质。

起用后进生做干部，发挥他们的长处，既有利于班集体建设，也是转化后进生的有效途径。但是，起用后进生一定要注意提高他们的思想道德素质。后进生被起用，一般都会产生比较明显的变化。这种变化的动力源主要来自荣誉感、责任感和新鲜感。这"三感"产生的变化并没有从根本上改变后进生，因此，其产生的变化效应是短暂的。如果对这一点没有清醒的认识，起用后进生最终可能使班主任陷入被动难堪的局面。而要提高后进生的思想道德素质，最好的办法就是把他们推到矛盾焦点上去敲打。例如，班级同学出现矛盾时，让后进生去参与处理。作为管理者，他们必然要进行深层思考，在解剖别人时进行深刻的自我教育。如果此时教师能及时点拨，则效果更好。这种方法，类似柯尔伯格的课堂道德情景模拟教育法，运用"两难"问题去提高学生们的道德自我判断能力。只有这样，起用后进生的效应才能得到延长和巩固。但是，提高后进生的思想道德素质需要长期教育，循序渐进。

以上是我在转化后进生方面的几点体会，所有的学生都有平等享受教育的权利，后进生的身上也承载着父母期待的目光。因为长期遭受来自社会各方面的压力，他们的内心都很自卑，他们渴望关爱。作为教师，我们应该对后进生给予足够的爱心、耐心和理解，而不是歧视、讽刺和挖苦。如果作为老师的我们再不给后进生一点爱的阳光，他们就真的处于黑暗之中了，我们自己也辜负了教书育人的重任。

一封关于"早恋"的信

一次晚自习，我正在批改作业，课代表萍走进来说："老师，我不想当英语课代表了。""能告诉我原因吗？"我笑着问。她低着头小声说："我这次英语成绩下降了。""你的英语成绩仅比上次考试下降五分，老师怎么会因为一次考试成绩的下降而不让你当课代表呢？不要有什么压力，找找原因，只要努力，下次会赶上的。先回去吧。"她仍然站着不动。"还有什么事吗？"我笑着问。她欲言又止，最后还是走了。望着她远去的背影，我隐约感到她可能有什么心事。

第二天早读时，我把和她关系最好的同学芹叫到办公室。问她关于萍最近的情况，芹只是笑而不答。我说："你怎么总是发笑，把你知道的情况告诉我。"芹说："老师，这事我没法说。""那你先回去吧。"芹走后，我猜想萍最大的可能是谈恋爱了，要不芹是不会不说的。

我的猜测很快得到证实。一次晚自习放学，我刚走出教室，就看到别班一男生来找萍，两人很快走向操场。我没有去追赶两人，而是思考解决的办法。萍是一个品学兼优的学生，从初一到初三，成绩一直名列前茅，尤其是英语成绩特别好，担任了三年的英语课代表，我们之间已经建立了很深的师生情谊。她这次不愿当英语课代表，可能是因为不敢面对我。

中考临近，有什么办法能使她跳出早恋的泥潭，把精力用在学习上呢？

叫家长？家长知道后会不会震怒，然后把她领回家中一顿痛打，全班同学都知道了这件事，她今后还怎么做人？这种办法不行。在班上讲早恋的危害，然后不提名地指出某些同学有早恋倾向，可这种不提名不就等于提名吗？这种办法也不行。总之要充分尊重学生的自尊心，尽量把事情在最小的范围内解决。课外活动时，我把她叫到办公室，开门见山地说："你的情况我已经知道了，我会替你保密的。"说完之后，我为自己的话感到吃惊，哪有老师为学生谈恋爱保密的？这不是纵容吗？但是为了尊重学生，我又不得不这样说。萍红着脸低头不语。我问那男生是谁，她说是三班的伟。伟，我是了解的，三班的班长，成绩很好，英语成绩也很突出，而且我教过他三年英语。我想，如果直接把两人叫过来，进行一番教育，效果不一定好。再说，如果让其他同学或老师知道，反而把这件事传了出去。在没有想到最佳办法之前最好采用冷处理。于是，我对萍说："你先回去吧。"

伟和萍的成绩都很好，在他们心中，学习肯定是第一位的。我思考一番后，决定给他们写一封信："你们的这种行为是很正常的。你们都是品学兼优的好学生，所以会互相倾慕。但是，现在这样做实在不是时候：一是你们年龄太小，如果陷进去就会难以自拔；二是你们即将中考，如果因此耽误学习而不能升入重点高中，多年的努力就会付之东流，未来的理想就会成为泡影。如果你们真的中考落榜，老师会为你们扼腕叹息，家长会为你们焦急如焚，你们自己也会痛心疾首。你们能忍心看到那一幕吗？希望你们把这种感情转化为纯洁的友谊，转化为一种学习上的动力，在学习上互相帮助，共同提高。你们可以交往，但应当是学习上相互交流，而不是生活中相互嬉戏。韩愈曰：'业精于勤，荒于嬉。'你们都是聪明的孩子，老师相信你们能够处理好自己的事，知道什么该做，什么不该做。"他们也以书信的形式向我表示了感谢，并保证这段时间一定努力学习。

现在，两人仍然保持交往，但不再是暗度陈仓，而是光明正大地互相帮助，共同进步。在上次考试中，两人的成绩都有了较大的提高，我真心为他们感到高兴。还有一个月就要中考了，我相信他们会取得优异的成绩。

应该如何接管一个新班级

学校有一个很乱的班级，换了几任班主任，都没有明显起色，学校领导让我接管。消息传出后，同事们议论纷纷。面对劝告和质疑，我没有犹豫，毅然接了这个班。一个多月过去，班级秩序有条不紊，学生精神面貌较之以前大有改观。回顾这一个月的工作，我总结出了以下五方面内容：

一、制定班级制度

我首先找到一些学生了解情况。我问："自习课怎么样？"学生们说："吃瓜子、玩手机、打闹、随便外出等，干什么的都有。"听学生们说着，我闭上眼睛就能想象出那是怎样的一种混乱的情景。"两操情况呢？"学生们说："早操有的人没上，课间操有个别人不去，跑操时队列不整齐。""卫生情况呢？""打扫不及时，每天都有一堆垃圾。""作业上交吗？"学生们说："每次能有一半人交就不错了。"我据此针对班级情况进行分析：纪律、体育、卫生和学习四个方面中，纪律最重要。纪律不好，学生不受约束，就会养成懒散的作风，体育、卫生、学习也搞不上去。没有规矩，不成方圆。我决定制定详细的班级制度。上课迟到、早退、旷课怎么办？自习课上吃瓜子、玩手机、说笑打闹怎么办？两操不上怎么办？卫生按组划分，落实到人，完不成怎么办？作业不上交怎么办？班会时，我又向学生征求意见，让学生讨论采取怎样的处罚措施，然后逐条落实。等多数学生没意见时，我宣布以后就按照这个制度执行。

二、组建班委会

执行班级制度离不开班委会成员，接下来的工作就是组建班委会。我的原则是，原来的班委会成员还是各司其职，而班长必须由一位威信较高的同学担任。一次自习课时，我在教室外观察班级情况。班内当时很乱，突然，班长一声断喝："不准说话。"全班立即安静下来。我觉得管理这样的班级就需要这样的班长。于是，我又向其他学生询问了他的情况，大家一致认为只有他担任这个班长最合适。我通过表扬鼓励和找其谈心等方式，让他放开手脚大胆管理班级。班长的工作积极性大大提高，当初制定的班级制度也得到了有效的贯彻与执行。

三、不上早操

一个星期很快过去了，班内各方面工作迈入正轨，每个同学都能各自管好自己的一个方面。但是有一个令人头疼的问题，就是学生都不愿意上早操。一开始，我坚持每天早起去宿舍喊，学生还能勉强起来，但是只要我一天不去，学生就不起了。我在班内讲了这件事，满以为会有好转，结果学生还是不起。我让班长管，班长却说管什么都行，就是管不了这个事。我征求学生意见，学生都反映天气太冷起不来，学生还说以前也不上早操，现在突然上早操实在不能适应。于是，我经过反复考虑，决定不再上早操。当我宣布这个决定时，全班响起热烈的掌声。

四、陪学生看病

有段时间，请病假外出的学生很多。出于对学生的关心，凡是请假者，我都热情地问寒问暖，帮其开请假条。很快问题出现了，有些学生出去就一天不回来。我当时非常愤怒。如何才能有效地控制学生请病假外出的情况？经过反复考虑，我决定陪学生外出看病。这样做，老师虽然辛苦点，但是生病的学生因为有老师陪同深受感动，无病的学生则再也不能以请病假为借口外出。请病假外出之风得到有效遏制。

五、开展读书活动

平时自习课多，就业班学生没有升学压力，上课时无事可做，于是有些学生玩手机，有些学生说笑打闹。我看在眼里，急在心里。这个年龄正是学习的大好时机，美好的青春年华怎么能这样白白浪费？于是，我决定开展读书活动。我从学校借来一些报纸，学生看得认真。后来，学生渐渐不满足于报纸上的零碎文章，要求看杂志、名著。我从图书馆借来一些杂志和名著，每人一本，相互交换着看。学生们看书更加投入。自习课时，看着同学们专心读书的情景，我深有感触：这就是曾经乱糟糟的班级？这就是曾经没人愿意接管的一群学生？我们如果粗暴对待他们，就会觉得这是一群不可救药的学生；可是，我们如果耐心地了解他们，才会感觉到这些孩子的可爱。他们有着对知识的渴望，有着对关爱的需求。我们不应强制性地纠正他们的错误，应该潜移默化地促使他们形成好习惯。

回顾这段时间的班级管理工作，我觉得除了根据班内实际情况做出以上五方面的措施外，最重要的是要有一颗关爱学生的心。

不得不感动的故事

新学期开始，班里转来一名新生，我注意到每次上英语课时，他总是在看书，我本想收走他的书，但看他读的都是文学、历史方面的书，就没有制止。但作为教师面对学生这种上课不听讲的状况是不能置之不理的，那么该怎么妥善处理这种情况呢？

我发现他很少和别人说话，只是一味地看书。有一次，我对他提问了一个简单的英语题。他却说："老师，我根本不学英语。"他说话的语气很平淡，有一种不屑一顾的神情。我当时很生气，但还是克制着没有发火。经验告诉我，这是一个问题学生。现在的问题学生总是各有不同，有些沉溺于虚拟网络游戏，有些痴迷于网游小说，还有些大胆尝试早恋。他对文学、历史作品十分着迷，这也是有问题的。中学阶段正是打基础的时候，应当全面学习各科知识，单纯地学习某一方面，逃避其他学科，不愿意深入思考，会导致"营养"不良。我从其他同学那里了解到：无论哪位老师上课，他都在看书。我又问他在文学、历史方面懂得多吗，同学们都说不知道，因为他从来不和其他同学说话。教育的本质是人的全面发展，像这样的问题学生，作为老师，我们有责任拯救。但是，怎样才能打开他封闭的心扉，我陷入了沉思。

一次上课，有篇英语短文涉及一个文学方面的知识。我问谁知道，全班没人举手。我注视着他，只见他嘴唇动了动，又接着看书。我点了他的名，他站起来回答得干脆利落。我趁机对他大加赞扬，全班同学也对他投来敬佩的目光。在这种关注下，他脸上露出了灿烂的笑容。我不禁感慨，这些孩子们，无论外表多么冷酷，性格多么古怪，他们其实都有一颗单纯的心，都需要爱和阳光。只要我们有足够的爱心和耐心，就没有教育不好的学生。我决定以此为突破口，同他交流谈心。

放学后，我把他叫到办公室。"你今天的表现非常好，在文史方面你比班上其他同学懂得多。"他高兴地说："老师，我觉得这个文学知识非常简单。"我接着他的话说："难的不会，会的不难。我看你整天读文史方面的书，就知道你在这方面一定有深厚的积累。你是什么时候开始读书的？"他说："爸妈在县图书馆上班，从小学起，除了做作业，我都是泡在图书馆里。八年级时，爸爸遭遇车祸身亡，妈妈改嫁，我只好跟着爷爷奶奶，所以来到这所学校。从那时起，我除了看书就不愿再和别的同学说话。"说完，他哭了，我也禁不住热泪盈眶。好久，我才说："孩子，你是非常优秀的，老师相信你能坚强起来，战胜生活中的困难挫折。对于你的不幸，老师深表同情。从今天起，老师就是你的亲人，今后在生活、学习上有什么困难，老师会尽一切努力帮助你的。"他放声大哭。我理解这种哭声，这是一个孩子在长久压抑之后的宣泄，就让他尽情哭吧。我又说："孩子，你不能总是这样封闭自己，你应该多和同学交往，找到属于你们这个年龄的快乐。多读书是好的，但是你也应当学习各门功课，打牢基础，将来才能有更好的前途。"他感动地说："老师，我会努力的。"我鼓励他说："只要你努力，凭你的聪明，一定能够赶上去。

还有三个月就要中考了，他也许会成功，也许会失败。我只能默默地为他祝福。但是无论结果怎样，能让他走出心里的阴影，身心得到健康的发展，我心甚慰。同时，通过这个孩子，让我更加明白教育的真正本质，更加明白教师的神圣使命。

一句错话引起的思考

作为教师，在日常的教学过程中，我们也许无意间对学生说过一些狠话。我也曾说过，所幸这句话改变了一个学生，使他向着好的方向发展。

职业学校的学生学习基础差，各种情况的学生都有。我一向认为自己对学生能够一视同仁，但是，今年我教的一个班中有一名学生却让我心生反感。我自认为教学十几年来从没有见过这样的学生，也从没有产生过这样的反感情绪。这个学生作为男生，染黄发、戴首饰。上课时间戴着耳机听歌、玩游戏。这些还不算，他还欺负其他同学，让别人为他做这做那。有时，我在另一个班上课，他却跑过去和别班的学生说话。我对他的反感情绪逐渐加深，终于有一天忍不住爆发了。

那天，我上课时，有几个学生围在他身边，看他玩游戏。我没有说他，而是对围在他身边的几名学生说："你们几个回座位上去，你们和啥人在一起。"脱口而出后，我便意识到我说的话有点过头了。果然，那个学生立刻站起来，说："啥人？你怎么说话的？"我控制不住自己的情绪，走到他身边和他大吵。眼看局面无法收场，我说："我们下课再说。"他不服气地说："再说就再说。"我平息了一下情绪，接着上课。

　　下课后，我没有急于找他谈话，我知道冲动不会有好结果。晚上，我反思这件事，一开始，我感到愤怒和无奈，觉得自己怎么会遇到这样一个学生，今后该怎么去面对？后来，我又反思自己，意识到正是由于自己说了错话，才导致学生的反抗。错误不在学生，而在自己。作为老师，我不该自认为比学生高一等，而应该以良师益友的身份和学生平等相处。学生做错了事，老师的批评应该针对这件事，而不是针对这个人。如果戴着有色眼镜看一个学生，后果将会怎样？这个学生将来走向社会，又会怎样？不堪设想。我决定放下老师的架子，向他道歉，和他平等交谈。

　　自习课时，我把他叫出来。"有什么事？"他的语气中充满挑衅。我微笑地看着他说："一块走走吧。"他跟着我走下楼。我们在操场上边走边聊。他说："你不该那样说我。"我说："是的，我不该那样说你。但那天上课时，你不该玩游戏，而且吸引了很多学生围着看，影响很不好。我是针对你这种行为，一时气愤说出那句话的，我对你本人并没有成见。平时，你见到我都会主动和我问好，我对你本人的印象也是很好的。"这并非真心话，但我只能这样说。他听了后，立刻说："老师，对不起！我不应该在上课时间玩游戏，更不应该顶撞你。"听了他的话，我如释重负，我知道他也放下了对于老师的抵触情绪。那天，我们还谈了很多。他对我讲述了自己的身世，他三岁时父亲死于车祸。母亲改嫁后，他跟着爷爷奶奶生活。十岁时，爷爷奶奶又相继去世。他只好跟着姑姑，姑姑又不敢管得过严，只是供给他钱，所以这些年他基本上处于无人管束的情况。这是一个苦命的孩子！他叛逆的装束与行为，是因为他还不能区别好坏是非，也没人教他如何区别，我们完全可以通过教育来改变他。想到此，我动情地说："今后你有什么想说的就对我说，我愿意做你的听众。我是你的老师，同时也是你的朋友。"他突然感动地哭了。他说："老师，我长这么大，还从来没有一个人对我这样好。"我无限感慨，我们的学生，无论他们的行为多么另类，他们的心灵都是那么单纯。作为老师，我们应走进孩子的内心，去面对面地和他们平等交谈。这时，我们会发现每一个学生都是可爱的。

第二天改作业时，我终于看见了他的作业本，虽然作业写得不太好，但毕竟交作业了。我在批语中表扬道："你的变化之大，令我非常惊奇。一个人想学好就一定能学好。我坚信你的人生从此将会发生根本改变。"果然，在这之后，这个学生上课开始认真听讲了，第二次作业便有了较大进步。过了一段时间，其他任课教师都反映这个学生变化大。我找到他说："老师们都说你表现好，你也应该注意自己的外在表现，从此以后，不染黄发，不戴首饰，做一名阳光帅气的男孩。"没想到，第二天他竟理了平头。看着他的每一点改变、每一点进步，我都发自内心地感到高兴。是啊！对于一个老师来说，还有什么事是比看到自己的学生进步更值得欣慰的呢？

艺术家有化丑为美、化腐朽为神奇的手段，教师也应该掌握这种技能。没有教育不好的学生，只有做得不够好的教育者。教师如果能够把品行不好的问题学生教育成对社会有用的人才，就是教师最大的成功。

生源流失是职业学校最大的痛

每年五一过后，学校都要对初三学生进行分流，也就是让成绩差的学生提前进入职业学校学习，不再考普通高中。这些学生多是双差生，不但学习基础差，而且组织纪律差。每年的五一之后到七月初放假的这段时间，担任分流生班级班主任的老师总不免提心吊胆。因为这些学生不知什么时候会惹出点事，一旦某件事情处理不好就会出大乱子，甚至会有大批的学生流失，让学校深感痛心。我今年担任其中一个班的班主任，有几件事情让我难以忘怀。

五一过后，各个乡镇中学的学生陆续分流到我校，这时候该组建班委会，确定班干部了。有位老师在安排班干部时，全部任用自己所承包学校的学生，导致另一所学校的学生不满，二十几名学生直接找校长闹着要退学。校长先对学生安抚一番，然后找到我，要把这些学生安排在我的班里。这样，我的里班就有来自三个乡镇的八十多名学生，要管理好这些学生还真要动一番心思，当务之急是如何安排好班干部。我设定六名班干部，每个乡镇中学各两名，具体安排是：班长和卫生委员来自一个学校，团支书和纪律委员来自一个学校，学习委员和体育委员来自一个学校。因为在学生心目中，班长、团支书和学习委员是班委会中地位较重的三个职位，分配不均可能会使学生心怀芥蒂，现在三所学校各分配一主一次两名班委会成员，学生基本都没有意见。这种格局一直维持到放暑假，没有一个学生因为班干部的任免问题闹情绪。

开学二十多天后，学生们逐渐熟悉，班与班之间也开始相互接触，但是这时却发生一件集体斗殴事件。晚自习结束，我班一名学生喊另一名学生回宿舍，这名学生说话时挂口头语，结果外班一名正好经过这里的学生误认为他在骂自己，不问青红皂白过去就是一拳。我班其他学生不愿意，双方各自找了一些帮手，约定到操场打群架，幸好被学校及时发现并制止，没有酿成大祸。事后，政务处对打人的那名学生给予留校察看处分，对我班的三名学生给予警告处分。我班学生不服气，开始闹情绪，三名当事学生同其他十几名学生一起找到我，闹着要退学。我意识到问题的严重性，很快冷静下来，我必须考虑如何让学生接受学校的处理意见。经过一番思考，我对他们说："我知道同学们对学校的处理很有意见，一时想不开闹情绪是可以理解的。下面，让我们共同分析一下这次学校对我们的处理：这次打架，责任在那名学生，因此对他的处理是留校察看，那就意味着他如果再犯错误就会被开除。我们班的学生挨打了，为什么还要受处分呢？因为你们几个参与集体打架，造成恶劣影响，很多学生会因此认为学校不安全，甚至会产生辍学的念头。如果那个学生打你们，你们及时找老师，而不是去操场参与集体打架，那么学校不但不处罚你们，相反还会表扬你们。学校是从本次事件造成的不良影响这方面考虑，才给你们这个处分的。"全班静悄悄的，我感到同学们都听进去了。这时，一个受处分的学生说："老师，您能不能帮我们把受到的处分撤销。"我明白了，他们几个担心的是学校的处分。我赶紧说："三位同学担心处分，这表明你们愿意做好学生。现在我向你们保证，只要你们以后在学校努力学习，遵守纪律，我会向学校申请撤销对你们的处分的，说到做到。而且你们受到的警告处分是最轻的处分，只要表现好，是可以撤销的。"同学们的表情放松下来，班里的气氛也开始缓和。事后，我又单独找那三名学生谈话，他们对问题认识得都很清楚。到这时，我心里的石头才算落了地，一场可能出现的集体退学事件就这样平息下来。

开学一个月后，学生们的新鲜感消失。一些学生开始跟不上课，上课玩手机、睡觉的情况增多。针对职业学校这种普遍的现象，总结以往的经验，我采取了一些补救措施，具体如下：

第一，让经常睡觉的学生每人买一本字帖，每天写一页。

第二，根据自愿原则，每人交五元钱，由老师统一购买优秀书刊。

第三，每周组织学生观看一次关于职业教育发展的宣传片。

第四，每周班会时间给学生讲我校毕业生的成功事例。

第五，邀请学校领导和专业课老师到班内作报告。

通过以上措施的实行，学生的情绪得到稳定，学习积极性得到提高。

所幸，两个月的学习期内，我班学生没有出现大的失误。暑假结束，学生全部返校，这对于中专生来说也算是一个奇迹。但是，作为一名职业学校的老师，我内心总有一种忧虑：生源流失是职业学校最大的痛。如何才能让中专生在学校安心学习呢？我想单凭某几个教师的努力是远远不够的，需要职业学校为学生提供良好的学习条件，需要社会为学生提供优越的就业环境。

傅雷教子的启示

傅雷的儿子傅聪，在年纪尚小时就表现出音乐方面的天赋。于是，傅雷专门培养孩子练琴。有一次，傅聪弹琴时，心头不觉来了灵感，忽然离开琴谱奏出自己的调子来。在楼上工作的父亲觉察出了琴声中的异样，从楼梯上轻轻下来。傅聪看见父亲来了，吓得连忙又弹回琴谱。但这次，傅雷并不是来制止的，他让孩子重新弹奏原来的自度曲，听了一遍又一遍，并亲自用空白五线谱把曲调记录下来。傅雷说这是一曲很好的创作，还特地给这曲调起了一个名字——《春天》。

这则故事至少给我们两点启示：一是傅雷能及早发现儿子的特长；二是当儿子在艺术方面表现出特长时，傅雷能及时给予鼓励和引导。傅聪后来在艺术方面取得较高的成就，与其父的教育是分不开的。

作为一名教师，我不赞成现在很多家长的做法。家长们望子成龙、盼女成凤的心情迫切，强迫孩子上各种辅导班，也不管孩子喜不喜欢，看到别人的孩子都上辅导班，自己就是省吃俭用也要让孩子去上。这种盲从的做法，不但不能让孩子受益，反而会给他们的身心健康造成伤害。另外，家长在辅导班的选择上，也多是看孩子哪一科成绩差，就让孩子周末补习哪一科。孩子若是不愿意，家长就会不问青红皂白地一通批评。孩子带着压力上辅导班，不但成绩提高不上去，学习情绪也受到影响。在多方面的桎梏下，部分学校和家长只注重成绩，而忽视孩子的综合素质、生活能力和社会基本道德素质的培养。我经常会听到一些家长向老师询问孩子的分数，如果孩子某一科成绩差，就说他脑子笨，再不行就将孩子送进辅导班，丝毫不顾及孩子的感受。有些老师私下谈论时，也总说谁的班里有多少好学生，所谓好学生就是成绩好的学生。在这种教育的大形势下，那些成绩差的学生总是抬不起头，处在一种自卑的阴影中，身心受到极大的伤害。

我国正大力发展素质教育，目的是让学生在中小学阶段参加各种社会实践活动，在活动中发现自己的爱好和特长，以便在将来的工作和学习中充分发挥自己的聪明才智，为社会做出更大的贡献。成绩并不能代表一切，给孩子一个快乐的童年，让孩子发现自己的爱好和特长，为以后的人生留下美好回忆，才是学校和家长最应该做的。

给学生留一些自由读书的空间

著名作家杨子（杨选堂）在儿子十八岁生日时，与儿子谈到读书的苦与乐。他说自己享受过自由自在的读书生活，同时对儿子正为准备大专联考而深感读书之苦深表同情。

我想杨子能成为著名作家，正是得益于少年时代的自由读书。他说自己从连环图画、《西游记》读到《红楼梦》；从郁达夫读到屠格涅夫；从徐志摩读到吉辛；从新月派的诗读到惠特曼的《草叶集》，他称自己读到了废寝忘食的程度。杨子少年时代所读的书都是古今中外的文学名著，与考试内容关系不大，皆因兴趣而读得如痴如醉。我想，我们应该探讨一下自由读书的意义。

自由读书有助于知识的积累。我们也许都有过这样的经历，得到一本自己喜爱的书，手不释卷，即使通宵达旦，也乐此不疲。阅读使我们得以与古今中外的名人对话，无形间获得了超越有限生命的无限可能性。许多人因为少年时代读书多，积累了丰富的知识，成年以后成为知名的作家、学者、政治家。

自由读书有助于阅读习惯的养成。一个人在学校学得的知识是有限的，重要的是离开学校之后应不间断地读书。这是一个阅读习惯的问题。胡适先生非常重视终生阅读的习惯。他在给北大学生的讲演中，告诫学生离开学校后要坚持读书。他说："以前的功课也许有一大部分是为了这张毕业文凭，不得已而做的。从今以后，你们可以依自己的心愿去自由研究了。趁现在年富力强的时候，努力做一种专门学问。少年是一去不复返的，等到精力衰竭时，要做学问也来不及了。即为吃饭计，学问决不会辜负人的。十一万页书可以使你成一个学者了。可是，每天看三种小报也得费你一点钟的工夫；四圈麻将也得费你一点钟的光阴。看小报呢？还是打麻将呢？还是努力做一个学者呢？全靠你们自己的选择！"

自由读书有助于确定人生方向。在书中，我们明白了历史的兴衰更替、个人的荣辱成败，我们知道了国家的需要，从而自觉把个人的前途和国家的命运结合起来。著名科学家王选选择学习计算机专业，就是因为他意识到科学发展对于国家而言非常需要。在读书的过程中，我们会不自觉地形成对某一类知识的兴趣，从而确立自己愿为之奋斗一生的理想。我的一个高中同学，在中学时最喜欢读气象学方面的书，后来考入北京气象学院，现已在事业上取得了一定的成绩。

自由读书有助于修身养性。读书可以提高我们的品位，腹有诗书气自华。自由读书能明白是非善恶，从而自觉地弃恶扬善。笛卡儿说："读一本好书，就是和许多品德高尚的人谈话。"这就是说，读书使人向善。雨果说："各种蠢事，在每天阅读好书的影响下，仿佛烤在火上一样渐渐熔化。"这就是说，读书使人避恶。自由读书能够增强灵感，培养创造力。

总之，对于青少年来说，自由读书意义重大。给孩子留一些自由读书的空间吧，让他们遨游在知识的海洋里，尽情享受读书的快乐。

散文篇

怀念恩师叶纪元

我是师专中文系毕业的，至今已经教学二十年。二十年中，我由一个对教育知之甚少的青年成长为一名合格的语文教师。其间离不开一些恩师的帮助，叶纪元先生就是我最尊敬的一位恩师。

叶先生并没有教过我，之所以称他恩师，是源于尊敬和感激。他是我人生的指路人，是我生活中的向导。我能坚守教育至今，不改初衷，皆离不开叶纪元老师。

毕业第一年，我被分配到一所乡镇初中。办公室里有一位叶老师，还有几年就要退休了，在学校里声望较高。像他这种情况，完全可以要求不教课或者少教课，但是他从来不摆老资格，依然担任两个班的语文课。曾经有同事问："您这个年龄教两个班的语文课，不觉得累吗？"他回答："只要热爱教育、热爱学生就不会觉得累，就能以苦为乐。"当时，他的回答还引得同事们发笑，我听得出这笑声中包含着讥笑的成分。他们也许觉得叶老师是假道德、假高尚，但是，我当时对叶老师挺佩服的。我想，如果不是对教育、对学生怀着大爱之心，便一定会忍不住抱怨任课多、新生多，会对学生的调皮牢骚满腹。叶老师这么说，绝对是出于一片真心。从他那饱满的精神状态，就能感觉到他对教育、对学生的满腔爱意。

工作三个月后，乡政府需要一个写材料的文职人员，选了几个年轻人，我也在被考虑之列。而且在这些人中，我是唯一毕业于师专中文系的，进乡镇走仕途是很有希望的。最终，我没能被录取。那段时间，我的心情非常低落。叶老师对我说："你比较适合做老师，从现在开始你就安心做学问吧，学问是不会亏待你的。"我当时听了很有些不以为然，但是，他的这些话却让当时心神不定的我不再浮躁。从此，我也静下心来钻研教学了。几年之后，我渐渐明白叶老师对我的一片良苦用心。我性格温和，喜欢看书学习，能坐得住，适合搞学问。另外，他看我善良诚实，没有太多心机，教师这一职业更适合我。现在想想，假如当时机缘巧合，我有机会进入乡镇机关上班，凭我的性格，也很难坚持下来。当老师就不一样了，这是一条完全不同的路，每天教学读书，生活简单有规律，忙碌且充实。曾经有老师感叹："当老师，四十岁之前困难，四十岁之后，生活一天比一天好。"这话符合大多数老师的实际情况。

我的字不好看，叶老师说："作为语文老师，必须写得一手好字。"我说："我曾经也练习过，但是效果不好。"他说："贵在坚持。你每天写两个字，一个字写二十遍，坚持三年，你看是否会提高。"此后，我就按照他说的，坚持，坚持，再坚持。果然，我的字体有了很大的改进。从练字中，我体悟到许多人生道理。无论做什么事情，都需要坚持。在教师待遇还不高的年代，甘守清贫，淡泊名利，矢志教学，就是一种坚持；在工作中受到不公正待遇，不去计较，无怨无悔，乐于奉献，就是一种坚持。年轻时一味追求名利，并非明智的选择。

工作一年后，我的心情渐趋稳定，开始思考如何把教育事业作为一生的追求。叶老师看我不再浮躁，就对我说："要想成为一名优秀的语文教师，就必须读书。"我问读什么书，他说："根据学校目前的条件，你读《人民教育》《山东教育》《教师博览》和《语文教学通讯》。另外，你最好每学期读两本专著，教育方面和语文教学方面各读一本。你喜欢文学，每年还可以读一本茅盾文学奖获奖作品。读书时，一定要做笔记，边读边抄。同时，要淡泊名利，心无所求，只为爱好。只要坚持读下去，你就会不断产生灵感，写出很多文章。相反，如果你只为名利而读书，反而徒增烦恼。"我想，这就是中国古代哲学上说的"无为便是有为，不争就是争"。

叶老师的话让我深思，我决心按他所说，认真读书。二十年过去了，我也算读了一点书，至今写出的文章累计有十多万字。每年教课的任务太重，三十岁以前又忙着考研，我一直觉得读书的时间不够。现在想想，如果按照叶老师说的坚持多读一些书，我的知识积累会丰厚得多，也一定能够写出更多的文章。这实在是我人生中最大的憾事。可惜人生不能重来，只有珍惜现在，亡羊补牢，犹未为晚。我刚迈入四十岁，今后的路还很长，一定以只争朝夕的精神，坚持教书育人，读书作文。

我和叶老师相处不过五年，他就正式退休了。后来，我们仍一直保持着联系。2010 年，我去拜望叶老师。他问我上课是否使用多媒体，是否会做课件。我说会做一点，但是还不太熟练。他就告诉我说："你一定要熟练掌握多媒体这个工具，做 PPT 课件可以让一堂课的容量增大，不懂的知识可以在网上查找。"我在他的书房里看到一台电脑和很多书。他让我看他写的文章，有几篇竟然还被他制作成了课件。我惊奇而又感动地说："先生真是与时俱进，活到老，学到老啊！"他说："我从《语文教学通讯》中看到了一些老师做的课件，便也想把自己对课文的理解以课件形式展现出来。"从叶老师家中出来，我的心久久难以平静。叶老师已年至古稀却依旧学习制作课件，我就更不能怕苦怕累了。今后我要以叶老师为榜样，与时俱进，不断创新。

退休后的叶老师身体一直很硬朗。我想这样一位善良豁达的老人，也该是健康长寿的。但是，天有不测，就在去年冬天，惊闻先生已逝，哀痛之余，我深感人生无常，福祸难料。回想当初叶老师说过的话，如今我才深深感悟到：那是一位老教师一生教学经验的总结。他将此毫无保留地传授于后辈同仁，这是对后辈的无限关爱、深切勉励和殷殷期盼，也是对学生、对教育的大爱。

虽死犹生，虽死犹荣

——参观焦裕禄纪念馆有感

如今，去兰考拜访焦裕禄已经成为许多人尤其是共产党员的一种自觉自愿的行动。每天都会有很多人来这里参观祭奠。凡是来这里的人，总会情不自禁地思考：焦书记在这里做了什么事情，值得兰考人民长久怀念？焦裕禄精神都有哪些深刻内涵，能成为全国人民学习的精神？

焦裕禄同志只在兰考县担任四百七十五天的县委书记，稍微懈怠，恐怕连当地的情况、老百姓的需求都搞不清。可是焦裕禄一踏上兰考这片苦难的土地，就开始深入田间，了解实际情况，访贫问苦，倾听百姓声音。他摸清楚风沙、盐碱、内涝是兰考三害，抱着宁可死也要改变兰考面貌的决心，开展工作。他没有治沙、治碱的办法，但是他明白人民群众的智慧是无穷的，虚心向群众学习。从群众中，他找到了治理风沙的方法——翻出淤泥种上树，他形象地称其为"贴膏药扎针"。这种方法迅速在兰考推广开来，勤劳的兰考人民在焦裕禄书记的带领下用两三年时间便固住了风沙。

从群众中，他听到了治理盐碱的方法，那就是栽种泡桐。焦书记当年亲手栽种了一棵泡桐，如今已经有五十六年树龄了，高达二十四米，树干有三人合抱粗，枝叶茂密，亭亭如盖。它像一把伞，为兰考遮风挡雨，庇护着勤劳多难的兰考人民；它像一位老人，见证着兰考的变迁，祝福着兰考人民过上幸福的生活；它是焦书记的魂，承载着他为兰考人民鞠躬尽瘁的一腔热血，寄托着他对兰考人民的美好祝愿。这棵树被兰考人民亲切地称为"焦桐"，表达了兰考人民对焦裕禄书记的追怀和哀思。

一棵棵高大的泡桐树，像一个个巨人，护佑着兰考这一方人民。远看，浓密的泡桐树叶织成片片绿云，遮盖着兰考这一方热土。如今，种植泡桐已经成为兰考人民主要的经济产业。泡桐木材质柔软，传音效果好。当地人民用泡桐木制作乐器，办起了乐器加工厂，产品远销国内外。生活变好了，人民不会忘记是焦书记带领他们栽下的泡桐树，所以当地人亲切地称这片泡桐树林是焦书记留给兰考人民的"绿色银行"。

焦书记只在兰考工作了四百七十五天，却留下一种精神，一种值得全国人民学习的精神，一种永垂不朽的精神。那么，焦裕禄精神究竟有哪些深刻内涵？

焦裕禄精神是一种不怕吃苦、勇挑重担的精神。20世纪60年代的兰考，是全国的重灾区。当时，兰考约近五分之一的人都逃荒到了外省，甚至连领导干部都在想办法往外调。兰考的情况引起党中央的高度重视，中央要求在最短的时间内改善兰考的局面。谁能挑起这千金的重担？焦裕禄主动提出申请，他要求组织把自己放到最艰苦的地方去锻炼。有好心的同事劝他不要去兰考，他却笑着回答："现在有力气的时候不为党和人民多做点事，将来老了，只怕想干也干不成了！"他义无反顾、心甘情愿地去了，这一去，便改变了一个地方，成就了一种精神。

焦裕禄精神是一种不畏艰难、不达目的不罢休的决心。焦书记上任的第二天就开始访贫问苦，实地考察，根据当地的实际情况，制定出一个改造兰考大自然的蓝图，在三五年内，要取得治沙、治水、治碱的基本胜利，改变兰考的面貌。在焦书记的领导下，县里组成一个调查队，调查队风里、雨里、沙窝里、激流里度过了一月又一月，跋涉方圆五千余里，进行大规模的调查研究，基本上掌握了水、沙、碱发生发展的规律。在县委会议上，焦书记深情地说："我们对兰考的一草一木都怀有深厚的感情，面对当前严重的自然灾害，我们有革命的胆略，坚决领导全县人民，苦战三五年，改变兰考的面貌。不达目的，我们死不瞑目。"

焦裕禄精神是一种一心为民、大公无私的情怀。每当群众最困难的时候，他就出现在群众面前。1963 年秋季，兰考县一连下了十三天的雨，焦书记和县里的同志们全力投入生产救灾。大风大雪时，他首先想到的是贫下中农吃的咋样？牲口咋样？风雪中，焦裕禄访贫问苦，没烤群众一把火，没喝群众一口水。他走访了九个村子，访问了几十户生活困难的老贫农。

焦裕禄精神是一种鞠躬尽瘁、死而后已的品德。焦书记的心里，装着全体党员和人民，唯独没有他自己。县里一位同志患病，焦书记多次催促他去医院检查，而焦书记自己却由于积劳成疾，肝病越来越严重。县委的同志劝他疗养，他不舍得去；老中医开了药方，他不舍得买。就这样，他忍着疼痛，全心全意地投入改变兰考面貌的斗争中去。临终前，他说："我们是灾区，我死了，不要多花钱。我死后只有一个要求，要求组织上把我运回兰考，埋在沙堆上。活着，我没有治好沙丘，死了，也要看着你们把沙丘治好。"

焦裕禄虽然在兰考仅工作了四百七十五天，但是却在群众心中铸就了一座永恒的丰碑。他的事迹历经岁月风雨永为人们传颂，他的精神历久弥新，不因岁月尘封而失色，不因时代变迁而黯然。人生的价值不在于生命的长度，而在于生命的厚度。焦裕禄用短暂的生命抒写了永恒的精神，他虽死犹生，虽死犹荣。最后，让我们用一首词来结束全文。

《水调歌头·咏焦裕禄》

一生多坎坷，四十去兰考。风沙盐碱内涝，誓死去除尽。不管困难多大，总能找出办法，关键在决心。访贫问苦去，调查研究真。

思想变，腰杆硬，精神振。翻淤压沙固丘，亲植泡桐成林。心中只有百姓，唯独没有自己，鞠躬尽瘁人。政声人去后，丰碑在人心。

论名人

闲暇之余，喜读名人传记。每有所感，辄记之。久之，积累数篇。

屈原

在楚怀王的幕僚里，你领得一顶左徒官衔的乌纱帽。本该有济世安邦的才能，却偏偏是兰蕙美人独守一株香草。一个王朝终于与一个怀才不遇的天才擦肩而过。你的伟大在于王朝抛弃了你，你却不忍离开自己的祖国和人民。为求真理，你于漫漫长路上下求索。国都攻破时，你纵身一跃，那激起的波浪成为最圆满的句号。从此，世人在《离骚》声中，读懂一颗爱国的忠魂。

陶渊明

也曾有大济苍生的志向，却看不惯官场的奴颜媚骨，不愿为五斗米折腰，你愤然离去。喜爱山林的本性让你回归自然，一身轻松。庐山脚下多出几栋茅屋，烟云飘荡，竹篱密密，桃李芬芳，杨柳依依。从此，文坛上多了一些隐士，文学史上形成一个田园诗派。在那茅屋里，你忍受着饥饿寒冷，熬过无数的漫漫长夜。偏偏为后人虚构出一个世外桃源。从此这个美丽的梦想，撩拨着、震撼着一代又一代善良的人们的心弦。

杜甫

出身名门世家，生于大唐盛世。自小就想安邦定国且才华横溢的你，成年后却偏偏遇到大唐的盛衰转折。这是一个国家的不幸，一个时代的不幸，也注定你未及施展的宏图大志的落空。遭遇安史之乱，备受颠沛流离，国破家亡时，你感到伤恨；官军胜利时，你涕泪满襟；即使风破茅屋时，你依然想大庇天下寒士。你以哀民之心，万丈之才，书写出光耀日月的沉郁诗篇，你以一生的遗憾成就一份人生与历史的沉雄和韵味。岁月可以冲淡历史的记忆，却掩不住一颗伟大心灵的永恒辉煌。

齐白石

一身傲骨，让你卓尔不群，不落窠臼；谦虚恭谨，让你海纳百川，博采众长；痴情艺术，让你精益求精，炉火纯青。鱼虾虫蟹，到了你的笔下，顿时活灵活现，天趣横生。艺术只有植根于人民，植根于大地，植根于中华文化的深厚土壤，才能成就旷世巨篇。这就是一代国画大师给我们的启示。

阿炳

一个民间盲艺人，流浪在无锡的大街小巷，用两根弦倾诉着自己的痛苦与悲愤、哀怨与忧伤。两根弦就是两股幽幽的泉水，沉重的命运是一弯瘦削的残月。《二泉映月》是一个民间盲艺人的心路历程。那一串串如怨如慕、如泣如诉的音符，让多少人噙满泪水，不忍卒听。《二泉映月》，一首由民间盲艺人在街巷间拉唱的曲子成为让世界感动的经典名曲，而阿炳也成为让全世界都尊敬爱戴的大师。

列夫·托尔斯泰

托尔斯泰一生追求平民化的生活，当自己生活的环境与理想发生矛盾时，他的内心忍受着巨大的煎熬与痛苦。最终，他在八十二岁这一年离家出走，在经历了旷日持久的纠结后，选择遵从内心。此时，我们仿佛看到一个痛苦的灵魂燃烧于黑夜。

司马迁

一间冷清、幽深的牢房，一个无奈而又沉重的声音，低低地说："我，接受腐刑。"抬起头来，两行清泪从他的脸颊滑落。司马迁通过天牢的小窗，望着那漆黑的夜。暮秋的风裹着寒气，撩起他那件破旧的长衫。司马迁拖动着脚镣，徘徊于屋中。一点灯火跳动着，拖下长长的抖动的影子。此时，他正在思考一个人生的命题，于是说："人固有一死，或重于泰山，或轻于鸿毛。"从此，他深受极刑而无愠色。宏阔的眼光、平静的心境、坚强的意志、发愤的精神使他从一个普通的史官转变成一名伟大的历史学家。司马迁的伟大不仅在于他为后人留下一部"通古今之变，成一家之言"的千古绝唱，更在于他那种忍辱发愤的精神对后世的深远影响。司马迁的选择给那些稍遇挫折就"临清流而赴死"的人上了生动一课，他活生生地让阉割的利刃变成接生《史记》的手术刀。

抱愧母亲

因工作忙，已经一个月没有回家。终于有点空闲，我再也克制不住对父母的思念，骑上摩托车向家中奔去。

到家时，已是十二点，母亲正忙着做饭。我走进灶房喊一声："娘。"没想到母亲见我回来，竟一脸惊讶。做儿子的喊一声"娘"，在母亲身边尽孝是最天经地义的了，但我的母亲见我回家竟惊讶得不敢相信。我的心好痛！

思绪禁不住回到从前，每当我喊一声娘，母亲总会把我抱在怀里，给我无限的爱抚。小学和初中时，当我喊一声娘，母亲总是把准备好的饭菜端到我面前，然后看着我吃下。高中和大学时，回家的次数少了，我孤身在外，母亲便多了一分焦虑和牵挂。如今我工作了，回家的次数更少，没想到母亲竟然生分到不敢认她的儿子。

但是，母子之间是不存在任何隔阂的啊！世间还有比母子之间更亲密的血缘之爱吗？我深感痛心，又深深自责，为什么就不能常回家看看？

我想尽力拉近和母亲的距离，便说："娘，让我来烧火吧。"母亲急忙说："不用，不用。"我又说："娘，让我来烧火吧，还和从前一样。"母亲笑了。吃饭时，我向母亲碗里夹了一大块鱼肉，母亲又急忙说："不用，不用。"我说："小时候，您总是给我好吃的，现在应该是儿子孝敬您了。"母亲又笑了。笑声中，我看到母亲眼中含着泪花。

该回去了，我塞给母亲二百元钱，她坚决不要，说："你在单位用钱的地方多，我在家里能过得去。"娘还是和从前一样，省吃俭用，节约度日。我感动地说："娘，儿子工资虽然不多，但是给你点钱是应该的。您不能再像从前那样俭省，您多买点好吃的。"娘扭过脸去，抹掉眼泪。

回来的路上，我很是自责，父母给了我们生命，又用绵长无私的爱哺育我们长大成人。还有什么比孝敬父母更合乎天理的呢？而我却因为回家的次数少，让父母感到生分。什么工作忙、应酬多，在母子亲情面前都轻如浮云。人生憾事莫过于子欲养而亲不待，我们更该珍惜与父母相处的时光，加倍报答他们的养育之恩。

父爱与孝心

这个春节对我的父亲来说是不舒心的。他头上长了疱疹，疼痛难忍。医生说油腻酸辣一律禁食。将近一个月，父亲的病情才逐渐好转，我们全家都非常担忧，亲戚邻居也纷纷过来看望。我虽然为生病的父亲而心疼，但是总觉得好像隔了一层障碍，没有疼到骨子里。

大年初一，一家人围坐吃饭，我随口说了句后脑感觉有点疼，本也没什么大碍，但是父亲却脸色大变，忙催促我快点去看医生。那一刻，他似乎忘记了自己的病情。当天我返回县城，父母又打电话询问情况。因为我的一句话，父母的心都快要皱缩成石块。

我又想起，在平常的生活中，儿子因为天冷打一个喷嚏，我的心都会为之一紧，嘱咐他赶紧添衣。虽然，有时我说话的语气过重，让儿子心里烦烦的，但是事情过去之后，我仍然为他担心着。

一天吃饭时，儿子吃完碗里的饭还要吃，我赶紧把我的半碗饭倒进他的碗里，并后悔自己吃得太快，怎么就不给孩子多留一点呢？做这一切时，我没有丝毫犹豫，完全出于本能。是的，父爱源于本能。哪怕它有千万种表现形式，其本质也是永恒不变的。

我想起了我的父亲。一次我回老家，父亲泡了一包方便面正准备吃，见我回来了，马上把碗让给我，自己却坐在一边看着。我让他吃，父亲却坚决推辞，说："我吃不吃都行，你走这么远的路一定饿了。"在父亲眼里，儿子无论多大，都是需要照顾的孩子。我端着这碗方便面，感觉很沉，很沉。这里面盛满沉重的父爱。

孟郊的《游子吟》中有这样一句："谁言寸草心，报得三春晖。"寸草心是子女的孝心，三春晖指母爱。谁能说寸草之心报答得了三春的阳光呢？是的，无论子女多么孝顺，和父母对子女的关爱相比，都不过是寸草之于阳光。如果说子女对父母的孝心是出于天理，那么父母对子女的关爱则是基本的人性，是根植于骨子里的疼爱。

改变人生命运的书

一个人的一生多少会到受曾读过的书的影响。我不知道有多少人因为书而改变了命运，但确实有一本书改变了我，这本书就是路遥的《平凡的世界》。

《平凡的世界》是那种看了让人爱不释手、废寝忘食的书。我清楚地记得书的第一页引用作家柳青的一句话："人生的道路虽然漫长，但紧要处常常只有几步，特别是当人年青的时候。"我当时觉得这话写得太好了。《平凡的世界》看了不到一半，我做出一个决定：我要学文科。那时正是高三下学期，还有几个月就要高考了。我本来学理，但是数理化成绩不太好，当时便想学文科多好，不用做枯燥的试题，还能整天看小说。现在想来，这个想法是多么愚蠢，多么简单。其实，我当时数理化成绩也不算太差，如果复读一年，说不定能考上本科。但是，我当时依旧不加考虑地改选了文科，而且是在高考后，这让父母在为我找复读学校时犯了难，也让我为此付出了更大的代价。经过一年的努力，我总算考上一所师范专科的中文系。在大学里我踌躇满志，立志要当一名作家，看了许多书，却没怎么用心研读专业书籍。后来，很多同学通过专升本考试进入大学，拥有更高的起点、更好的前途。我却压根儿没考，又失去了一次提升自我的机会。工作之后，我又想着改变命运，立志考研，虽然也很努力，却因为种种原因，没能把更多的时间和精力用之于学习，最终以失败告终。人生道路虽然漫长，但我却总是不能抓住机会。

转眼二十年过去，作为一名语文教师，虽然我的授课能力得到了学生的认可和赞许，但却和自己的理想道路越来越远，心怀作家梦，却依旧默默无闻。现在想想，在人生的关键时刻，做出不理智的选择是极端错误的，这是逃避现实的表现，因此也注定要付出比别人多的代价。其实，树立理想是非常简单的事，但要把理想变成现实，就需要坚强的意志和持久的努力。否则，所有的理想都只是空想。

一次，我和一个大学同学闲谈，才知道他也是因为看《平凡的世界》才决定读文科的，不过，他是高一时做出的决定，比我明智。但是，他现在非常后悔。他说，高一时他考过全班第一，理科成绩特别好。曾经成绩不如他的一个同学，后来考上了同济大学建筑系的博士生。如果他当时坚持学理科，将会有怎样美好的前途啊。毕业后，他到一所初中学校教英语，教学成绩不太理想，学校便让他改教计算机，他却阴差阳错地成为当地少有的计算机人才。

回首往事，痛定思痛。《平凡的世界》是一本好书，可我当时因为这本书而做的决定却不能算是个好的决定。其实，一个人做出什么决定，并不是最重要的，更重要的是，在做出决定后的漫长人生中，能否为此努力前行，无惧挫折。

甘心做草根教师

《教师博览》的某篇文章中有这样一句话，令我感触颇深："教育的发展需要千千万万的草根教师的共同探索和努力。"

教师职业是平凡的，这就要求教师必须甘于平凡。所谓草根教师，指的就是众多的在平凡岗位上心甘情愿奉献自我的教师。然而，草根教师也是一个个有血有肉的生命体，面对名利的诱惑和诸多不公平时，他们的心里也会产生纠结和起落。人非圣贤，草根教师也不都是从一开始就甘心专注于平凡岗位的。

理解草根教师，应首先理解教师职业的平凡。通常在毕业之初的几年，和其他行业相比，教师的收入也不算低。但是几年过去，再聚会时，其他行业的同学出手很是大方，甚至某些人已经谋得一官半职，再看看自己，还是一辆自行车，囊中羞涩。同学聚会后，我内心也有过不平衡，甚至想到过辞职。但是，一想到自己伏案读书时的那份愉悦，一想到向学生讲授知识时的那份自豪，一想到和学生共同探讨某个问题时的那份陶醉，内心掀起的情感波澜就会慢慢平息。幸福不一定非得拥有金钱，也不该在比较中获得，人和人又何必相比呢？只要内心拥有自己的价值评判标准，活得充实，就算是幸福。教师职业虽然平凡，但是对社会的贡献却不一定小。

理解草根教师，应看到学校中那些默默无闻的一线教师。生活中，他们不善言谈，更不会夸大自己的成绩，去领导面前邀功请赏，所以他们的成绩很少被人看到，但他们确实为学校做出了贡献。他们教的课比别人多，他们对学生的爱也不比别人少，但是，每一次奖励都和他们无缘。他们也有过一次次的失落和委屈，但是痛苦过后，他们还是一如既往地备课教课，甘心做一名草根教师。

理解草根教师，应看到教师如何对待日常生活。教师也不是只知教书的先生，他们也要面对柴米油盐的日常生活，也有自己的亲朋好友，也有丰富的情感世界。当教师面对生活中难以取舍的事情时，面对尴尬的两难局面时，感情的天平能倾向于自己的学生，便算得上真正意义上的草根教师。我校的刘老师就是一个令人敬佩的草根教师，他已经五十多岁了，却依然教着两个班的语文课，还担任班主任工作。他常说，学生上学不容易。有一次，一个不懂事的学生当面顶撞他，把他气得浑身发抖，然而，走出教室冷静了一分钟，他又平静地走上讲台，微笑着面对学生。他说，不能对不起学生。如果他把自己的故事讲给学生听，学生听后热泪盈眶；如果他把自己的故事讲给领导听，他会立刻成为学校里红得不能再红的人物，然而，他甘愿做一片不声不响的绿叶。他不善于也不屑于做表面工作去讨好谁，这就是草根教师的境界。其实，每一所学校都有很多类似刘老师的草根教师。希望我们能把关注的目光投向他们，而不只是盯着漂浮在水面上的那几朵红花。

理解草根教师，还应看教师在生活中是否真能与书为伴。生活中充满各种诱惑，教师应当保持一颗平静淡泊的心，自觉远离诱惑，备课教课之余，用书充盈自己的生活。金钱、名誉都是身外之物，重要的是内心是否充实；困难、挫折都不可怕，重要的是精神是否高尚。都说教师是太阳底下最光荣的事业，育人如育树，待到桃李满园竞芳菲之时，需要一个漫长的过程。在这个过程中，应耐得寂寞，抵制得住诱惑，甘心做一名草根教师。

回　家

已经几个月没有回家，我心里总是无法平静，做事也不能集中精神。

终于盼到周六，下午一上完课，我便骑上摩托车，带着儿子飞奔向老家。不知不觉已近村庄，我的心里却忽然涌上一股不安的情绪：家里是否有什么事？日渐年迈的父母眉宇间是否又多了几尾皱纹，两鬓又添了些许银丝？近乡情更怯，不敢问来人。

工作十年，算一算回家的次数，实在屈指可数。我总是觉得父母身体还算硬朗，偶尔打个电话问问，听到家里没事就放下心来，如今细数起来，着实为这种习以为常的忽视而愧疚。

八岁的儿子很懂事，进家门先喊一声"奶奶"。母亲先是一惊，接着便笑得满脸皱纹。望着母亲的皱纹，我忽然感到岁月的无情。母亲仔细瞧了我半天，才说："你来了。"母亲的白发让我心里很不是滋味，忍住喉头的哽咽，说："工作忙，想回家总是没有时间。"母亲说："你爹想你们，你再不来，他就想搭车去城里看你们了。我晕车，不能去，唉！"母亲的话语中没有任何抱怨，有的只是对我们一家的牵挂，这令我更加愧疚。

父亲又去给别人帮忙了。他会木工活，原来是建筑公司的一名工人，现在退休在家，却总是闲不住。一年四季，忙时，他在地里干活；闲时，他便去给人帮忙。东家安个门窗，西家做个桌椅，凡是有人来请他帮忙，父亲都有求必应，从来不讲报酬。但近两年，父亲常感觉累，吃得不多，时不时还觉得胃疼。我非常担心，带父亲去医院做检查，没什么大碍，父亲也就不在乎了，还是一如既往的不停劳作。我心里默默祝愿：父亲一生劳作，一生辛苦，一生帮助别人，好人有好报，他老人家一定能健康长寿。见父亲回来了，儿子很乖地喊了一声"爷爷"。父亲就坐在儿子跟前，再也舍不得离开，一会儿问问学习情况，一会儿又鼓励他多吃饭，好长高。望着爷孙俩，我心里又是一阵愧疚，为什么就不能带上孩子常回家看看？

第二天早饭后，父亲忙着修缮房屋。老房子已有三十年，受风雨侵蚀，泥土坍塌了不少。父亲买了一些砖，想着加固修缮一下，以便长久居住。我一边帮父亲干活一边说："我拿点钱，再盖一座新房吧。"父亲说："不用了，修修补补，这房子还能住二十年。我们还有几年活头？你在城里，用钱的地方多着呢。"父亲朴实的话语听得我心里酸酸的。做父母的，什么时候都为子女着想；做子女的，又为父母想过多少呢？在把自己的小屋装修得精致讲究前，先想想父母的房子漏不漏雨。

返城的路上，回望村庄，我依稀看到父母还站在家门口，目送着他们的儿孙。乍暖还寒的春风，吹动父母满头的银丝，将他们的身影凝成塑像，饱受岁月侵蚀的塑像。

坚守自己的人生坐标

最近一段时间，心里总是愤愤不平，每每想静下心来工作时，总会被一种无端的情绪烦扰而心神不定。我知道，这是因为我总把自己和别人相比而生出的一种情绪。

我是在一所职业中专任教的普通语文教师，工作之初参加同学聚会，彼此尚看不出差距，可十年之后，这种差距就越来越明显了。同学中有的生意兴隆，有的官运亨通，开着轿车，通身名牌。这足以让我这个普通教师心生羡慕又愤愤不平。一位同事说："说什么也不能再让孩子当老师。"我听了，竟也生出几分赞同之意。

一个人所有的烦恼都源于比较。静下心来细想，我如今这些负面情绪，是否皆因比较而生呢？人和人是不该相比的，常言道："人比人，气死人。"这句话不仅包含了一种对命运不公的表述，也包含着比较产生忧愁的哲理。将自己与他人的情况比较一番后，我常感慨：假如当初不考大学，而是去学习一门技术，也许比现在强；假如大学时有明确目标，继续考研，也许比现在强；假如工作以后去考公务员，也许比现在强。其实，这就是一种逃避现实的自欺。历史不存在假设，人生更没有假如。杜牧惋惜项羽当时没有过江东，不然卷土重来未可知晓。但是，如果历史真的可以重来，项羽会过江东吗？一个人的命运往往是由他的性格决定的，而性格又受他的生活背景、社会地位等因素的影响。

为什么要时常感叹自己不如别人呢？如果能维持一种平静淡泊的心境，自然会省去许多烦恼。教师这个职业虽然普通却并不平凡，教师的个人收入的确算不上丰厚，但教师的个人价值却是其他职业难以比拟的。看看那些古今中外的教育家，他们的思想影响着一代代的人，像黑夜中的星星，启迪着人们走向光明的彼岸。如果把这一切都想通了，还有什么烦恼可言？收入不如别人，那就少花费一点；工作比别人累，那证明自己的贡献大。一个人的价值是不能单纯以财富的多少或地位的高低来衡量的，工作不分贵贱，不同工作岗位的人只要把本职工作做好，就都对社会有所贡献。

在这个炎热的天气中，我一个人闷在屋里，静静地思索了许多，多少天的忧郁和苦闷烟消云散。我走出屋，迎面吹来一阵风，顿感清醒。我应该抛却一切物欲的诱惑，抛却一切功名的牵绊，安下心来认真教学。教师这一职业是神圣而光荣的，值得我为之奋斗终生。天空中的星星璀璨繁多，每一颗都不尽相同，每个人也该找寻到属于自己的人生坐标并为之坚守。

论读书

近日，偶尔读到国学大师梁漱溟谈治学的一段话，他说："我的学问得力于杂志报纸。许多专门和重要典籍之阅读，常是从杂志报纸先引起兴趣和注意，然后方觅它来读的。"这种读书方法，一是目的性强，二是易引起兴趣。

梁漱溟先生的读书之法让我想起课外阅读，课外阅读就是能有效激发阅读兴趣的读书之法。我们学习古诗词名句，有时专门背诵的效果并不好，一是不易理解，二是太枯燥。最好的方法是从课外阅读入手，找到与这首诗词相关的课外读物，了解诗词背后的故事，在故事中体会诗人的写作情感，便会恍然大悟，这首诗原来是这个意思。继而背诵默写诗词，便也不再是难事。

说到读书，我认为良好的读书习惯也非常重要。古人有"案头书"的说法，所以我们要养成读书的习惯，在自己的床头放几本书是很有必要的。这个习惯一旦养成，每晚不看书就好像欠缺什么似的。而且晚上看书也有助于休息，一天的疲劳随着晚间阅读慢慢消除，不知不觉进入梦乡。日积月累中，知识也会逐渐增进。

我平生最爱读书，因此，也总希望我的学生多读点书，但近年来常感忧虑，因为学生中爱读书的人越来越少。很多学生痴迷于电脑、影视，却越来越不喜欢读书。又一次，我竭力倡导班里每人拿出五元钱，集体买书，资源共享。结果，全班五十多人只有十几个愿意交，最后只好无奈放弃。但是，有些学生一个月的通信费就要花去一百元。小孩子怎么会有那么多电话可打？不用问，肯定是用手机上网玩游戏或看电影了。

读书一事，事关重大。书籍对文化的传播起到了不可替代的作用，无论网络媒体如何发达，书籍对人类的作用都是不可替代的。我坚信不管在任何时代，人类都不该放弃读书。

人生的价值在于奉献

——王选给我们的启示

2001 年，王选获国家最高科学技术奖，当之无愧地赢得了我国科学技术界的最高荣誉。王选是两院院士，是汉字激光照版系统的创始人和技术负责人，是北大方正集团的开创者。他凭借敏锐的市场判断力，致力于技术和市场的结合，与方正集团共同闯出一条产学研一体化的成功道路。

王选的一生是成功的，但在这光鲜的荣誉背后，我们更应该看到他勤奋工作的态度和无私奉献的精神。爱因斯坦给居里夫人写的悼词中有一句话："一流人物对于时代和历史进程的意义，在道德品质方面，也许比单纯的才智还要大。"这句话同样适合于王选。王选在精神方面对人类的贡献，随着时间的淘洗，会越来越突出。

王选上大学时选择了计算数学，因为他看到未来国家非常需要这一领域的人才，他认为一个人的事业和前途应当和国家的前途放在一起。从 1975 年王选开始研制第四代激光照版系统一直到 1993 年，十八年间，他没有节假日，没有礼拜天，他献身于学术研究，放弃了享乐的机会。当他认为自己在一些具体工作中已经赶不上年轻人时，毅然放弃了一线的工作，真心诚意地扶植年轻人。他一生简朴，一直骑自行车上下班，全身上下没有一件奢侈品，唯一的一条领带仅在正式场合佩戴，写字打印的纸张从来都是两面使用，铅笔也是削到很短才扔。生命弥留之际，他让夫人向医院转达他的要求："不要再抢救了，血源这么紧张，别输了，留给更需要的病人吧。"

无论是选择计算数学专业，还是十八年如一日的工作，无论是扶植年轻人，还是一生都过着简朴的生活，在王选的身上，我们都能看到一种无私奉献的精神。我们不禁发问，一个人为什么会这样勤奋忘我地工作，为什么会具有这样的奉献精神？我想，这是一种使命感，而这使命感正源于一种信仰。有了这种信仰，拜金主义、享乐主义就不会抬头；有了这种信仰，人类动荡不定的精神家园就会得到净化。当下，我们正需要这种信仰。

先生已作古，往事随风去，可世界印刷业的发展始终记得他的身影，他的精神会在字里行间永恒，他的名字会永远刻在后人的心中。

什么时候都不晚

春节和父母坐在一起闲聊，没想到父母问我以后有什么打算。我说："我已经三十八岁了，这一辈子就这样了，还能有什么前途？"母亲说："你不是喜欢文学吗？怎么不写了？"我说："晚了。"母亲说："只要你想干，什么时候都不晚。"母亲朴素的话语中蕴藏着深刻的哲理，让我深思而警醒。

是的，什么时候都不晚。姜子牙年过六十，仍然一事无成，但是他始终勤奋刻苦地学习天文地理、军事谋略，研究治国安邦之道，期望有一天能施展才华。后遇周文王，辅佐周武王灭商建周，开创周王朝八百年基业。苏洵二十七岁开始发愤读书，终成一代文学名家，和两个儿子合称"三苏"，均被列入"唐宋八大家"。鲁迅三十七岁写成《狂人日记》，从此一发不可收，成为中国文学的巨匠，而《狂人日记》也成为中国文学史上第一篇白话小说。当代著名作家毕淑敏，从医二十多年，三十五岁开始写作，四十六岁，正值创作盛年，却放下写作从事心理学这一全新领域。肯德基创始人哈兰·山德士，一生经历了一千零九次失败，八十八岁终于大获成功，全世界都知道了他的名字。古今中外的大器晚成者，充分证明了一个道理：一个人无论什么时候，只要愿意做自己喜欢的事，并能持之以恒，就能有所成就。

在这之前，为什么我一直感叹和抱怨自己一事无成呢？和同学相比，升迁的升迁，发财的发财，唯独我还在平凡的岗位上默默无闻；和同事相比，评职称的评职称，加奖金的加奖金，唯独我多少年没有任何变化。每一天都有新的琐碎的烦恼，将原本的心性磨平了，任曾经的理想消失了，于是恍然大悟，这苦恼源于自己对名利的羡慕。一个人对名誉、财富看得过重，就不能很好地感受人生，就会在浮华的世界中迷失自我。

人不要一味地追悔过去，也不要总将希望寄予明天。在已经逝去的时光中，或许我们曾错失很多机会，成长的道路上有失败、有徒劳，但失败和徒劳也是人生的收获。过去已无法追悔，为今之计只有努力才是对过去最好的补偿。永远把希望寄托于明天，明天也会成为今天，就在这日复一日、年复一年的悲叹中，一生很快就过去了。所以凡事要做则做，今日事今日毕，苦等明天只会贻误终生。"哆啰啰，哆啰啰。寒风冻死我，明天再垒窝。"寒号鸟在凄冷的寒风中悲叹着死去。"我生待明日，万事成蹉跎。世人若被明日累，春去秋来老将至。"古人的《明日歌》给了今人最好的提醒。

放下名利的包袱，丢弃攀比的眼光，认真追求一项事业，什么时候开始都不算晚。

书山拾贝

现在的中学教材中精选了许多古今中外的名家名篇，都是上乘之作，就是为了帮助学生多接触优秀的文学作品，拓展眼界。阅读能够启迪智慧，让人脱胎换骨。我为现在的学生能读到如此丰富、优秀的作品而庆幸。

为了增加学生的阅读量，每周我都安排两节阅读课。然而，事实却不尽如人意。一次阅读课上，为了检验学生的阅读量，我做了一次调查，结果令我大吃一惊。

我调查的是课外读本中的一篇文章，竟然有一半学生不知道写的是什么内容。问他们阅读课干什么了？有几个平时学习努力的学生抱怨说："我们的作业还做不完呢，哪有时间看课外书？"剩下的是平时爱看课外书的学生，其中一个笑嘻嘻地说："老师，看这书没意思，看武侠小说和穿越小说才过瘾呢！"

我们不得不谈谈中学生的阅读习惯和阅读质量的问题了。关键的一点是中学生对课外阅读的重要性认识不足。古今中外成大事业者，都是读过很多书的。孔子学而不厌，诲人不倦；司马迁通晓史家，游历四方；杜甫读万卷书，行万里路。马克思为了写《资本论》，避居图书馆，十年如一日，孜孜不倦，坚持阅读。哥伦比亚的优秀作家、诺贝尔文学奖获得者马尔克斯自幼受文学的熏陶，七岁阅读《一千零一夜》。电脑大王比尔·盖茨从小酷爱读书，七岁时读《世界图书百科全书》。他们正是从书中吸取了宝贵的精神财富，拓宽了视野，提高了认识，启迪了智慧。书籍使他们比同龄人站得高，看得远，表现出非凡的志向、高超的才智、过人的胆识。

现在的学生为了考高分，一天到晚围着作业团团转。苏联教育家苏霍姆林斯基说："如果一个学生只读教科书，把全部时间都花费在准备必修课上，那么学习对他来说，就会变成不堪忍受的负担，并且产生许多的灾难。"高中生把主要的精力用于学习书本知识，考出好成绩是必须的，但阅读一定的课外书也是必要的。这正像吃饭一样，一个人只知道吃肉而不吃蔬菜，虽然长了身体，但会造成营养不良。这些学生的考试成绩或许很好，但他们的知识面是狭窄的，认识能力是浅显的，无法形成正确的人生观、价值观，意志不坚强，感情脆弱，遇到一次小小的挫折就可能被打倒。他们的发展前景，也是难以预料的。

有些学生喜欢读课外书，但阅读品位低下，他们不去读优秀的作品，反而喜欢看一些言情、武侠之类的网络小说。在武林剑山中跋涉前进，在情感世界里流连忘返，青春年华被白白耗费，怎不令人惋惜。现代社会的高速发展使我们有条件以更快的速度获取更多的信息，这是人类文明的进步，但也严重影响着青少年的成长。

为青少年创造一个良好的读书环境是全社会都应关注的大事。作为家长，应该重视孩子的启蒙，利用优秀读物，从小培养孩子的阅读兴趣。作为教师，应引导学生养成良好的阅读习惯，让学生在潜移默化中受到熏陶。老师应以阅读者的身份，定期与学生交流课外阅读的心得，师生共同漫步书山，畅游学海。随着素质教育的推进，学生的课业负担得到减轻，有更多的时间读课外书籍，老师更应不失时机地加以引导。

书山有路勤为径，让我们一起去采撷美丽的贝壳吧！

说不尽的吴起

两千多年前的一个古战场上，一名士兵的腿部生了脓疮，行军艰难。将领听说后，毫不犹豫地伏在士兵的腿上，为他吸去脓疮。

这位将领是谁？竟然如此体恤士兵？他就是吴起。战国初期卫国人（今山东省曹县境内），著名的改革家、卓越的军事家。

在中国历史上，吴起的确是不可多得的军事天才。在鲁国时，他率领鲁军打败强大的齐国，在魏国时，他任西河太守，大战七十六，全胜六十四。"辟土四面，拓地千里。"阴晋之战，以五万魏军击败了十倍于己的秦军，成为中国战争史上以少胜多的著名战役。在楚国时，他严明法纪，加强军队建设，破除纵横捭阖的游说。仅一年，南面平定了百越，北面兼并了陈国和蔡国，并击退韩赵魏的扩张和进攻，向西征伐了秦国，令诸侯国都害怕楚国。然而就是这样一位天才般的人物，一生却起落跌宕，颠沛流转。他每到一个国家皆能扭转乾坤，扶大厦于将倾，但却不能为各国所容，最后竟被楚国贵族乱箭射杀。其悲剧的一生，实在令后世惋惜。

吴起不但长于战事，而且著书立说，所著《吴子兵法》和孙武的《孙子兵法》一并被后世尊为兵家经典。吴起是第一个注意战争起因的人，他认为对于国家而言最宝贵的是君主的德行，而不在于地形的险要。吴起进步的战争观、朴素唯物主义和朴素辩证法的战略战术思想，在我国军事史上占有重要的战略地位。

吴起是一位改革家，他在楚国仅仅一年多时间，就迅速扭转了内忧外患的局面。只可惜楚悼王死得早，吴起的改革没能继续。假如楚悼王再多活十年，统一天下的恐怕就不是秦国而是楚国了。然而吴起不幸，楚国不幸，商鞅在秦国实行变法，使原本弱小的秦国迅速变得强大，并最终完成了统一大业。

吴起悲剧的一生令人深思：从个人性格方面看，他的功名思想太重，这助他成就了政治军事上的宏图大业，也让他变得薄情寡义，做出一些违背伦理道德的事，为当世不容，被后世唾骂。早年他想当官，从事游说活动没有成功，导致家境衰败，遭乡邻讥笑。吴起杀了三十多个诽谤他的人，不得不逃离卫国。临别前他跪着对母亲说："不为卿相，不复入卫。"他到鲁国拜曾申为师，其母去世，竟未还家，曾申和他断绝关系。这种强烈的功名思想是其所处的时代造成的。吴起身处群雄争霸的战国初期，出生于常受强邻欺凌的弱邦卫国，家境由富庶走向衰落，这一生存环境造就了他求强争功却又偏狭易狂的心理。从历史发展方面看，吴起的政治改革和军事战争是为新兴地主阶级服务的，这势必破坏了奴隶主贵族的利益，引起他们疯狂的报复。他在鲁国时，帮助鲁国打败了齐国，却引起各国都来图谋鲁国。同时，鲁国用吴起就得罪了卫国，鲁君只好辞退他。吴起在魏国的时间最长，身经大小百余战，然而却被小人诬陷，被迫逃到楚。吴起在楚国的时间虽然不长，却在文治武功方面成效显著，这又得罪了楚国贵族，最终死于乱箭之中。

吴起的一生夹杂着太多的悲伤和血泪。他在政治和军事方面均有卓越之才，然而他的军事著作《吴子兵法》却没有《孙子兵法》对后世的影响深远，他的政治改革也没有商鞅变法对当世的成效显著。他的功名思想太重，却不能为功名所容，最终亡于功名。总而言之，作为战国初期的一位历史人物，吴起在政治军事方面的改革对历史的发展是有促进作用的，不应该被后世忘记。

西瓜霜

教学十多年来，我一直兢兢业业，勤勤恳恳。正是多年前的一件事激励着我，令我在教学中不敢有丝毫懈怠，也是这件事让我领悟到教育的神圣。这一切还要从西瓜霜说起。

师专毕业后，我幸运地来到一所高中任教。父亲非常高兴，但又因我天生继承了父亲沙哑的嗓音，他又有点为我担心。一次回家，父母又说起我的嗓音，从父母的话语中，我隐约感受到父亲的自责情绪。我赶紧安慰父母说："一个教师，重要的是专业理论知识和教学方法，声音的好坏只是其中的一项。我的嗓音条件不好，可以放慢讲话速度，另外，我还可以在知识方面弥补这一不足。"听了我的话，父母笑了。但我知道，父亲的忧虑并未完全消散。

让我意想不到的是，不几天父亲竟然来到学校，专门给我送来五盒西瓜霜。我家距离学校有七八十里的路程，路上至少要两个多小时，父亲是骑自行车来的，到学校时还不到九点钟。已是深秋，我不敢想象父亲在晨曦微光之中，在公路上骑车的画面。是什么精神支撑着他骑完这段漫长的路？"我从电视上看到，西瓜霜能治嗓音沙哑。"父亲高兴地说，神情惊喜得就像一个久病的人突然找到一种特效药。我真想说，西瓜霜只是一种保健药物，并不能治疗天生的沙哑嗓音；我还想说，你骑了这么远只为送这个东西，值得吗？如果有效，我自己去买就是了。但我还能说什么呢？我感动得热泪盈眶，什么也说不出了。

这五盒包装精致的药品，对于素来节俭的父母而言，是一笔计划外的支出。近几年，父母年岁渐长，身体虽然健朗，但是，上了年纪的人总是断不了这种药那种药的。每次给自己买药，父亲总是舍不得。我不敢想象，父亲是怎样对着电视广告仔细研究，抄下药名？又是怎样跑去药店，询问购买？我哽咽着说："爹，咱们吃饭去。"我给父亲买了热气腾腾的羊肉汤。付钱时，父亲一个劲地说："花这么多钱，花这么多钱……"

这件事一直激励着我，督促着我，始终专注教育事业，不敢分心。为了对得起父亲的一片苦心，我也要将毕生的精力献给崇高的教育事业。

一个人应该如何做学问

一个人应该如何做学问？耐得住寂寞，潜心研读。我这样说，实在是对自己读书、写作和教学的深刻反省。

爱读书的人，可能对读书的苦与乐都有深刻体会。有段时间我非常注意读时文而忽略经典，总觉得时文为当代人所写，而经典已成为过去。于是，我埋头苦读流行刊物，甚至每读一篇还要写心得体会，这篇文章叙述了一个什么故事，抒发了怎样的情感，表达了怎样的哲理。写了几篇之后，我发现这些时文都有一个固定的模式，就是叙述故事，抒发情感，表达哲理。当我读完几本流行刊物后，却依旧茫然无所得，情绪一度非常低落。可静下心来细想，我在大学时代读过的经典作品，至今仍记忆深刻。这些经典作品是大师们坎坷经历的感悟、智慧心血的结晶，能引发读者的共鸣，经得起时间的淘洗。于是，我又放下时文，重读经典，这才重新体会到读书的快乐。

我闲来无事时爱写点文字，灵感常生发于阅读或日常生活的间隙，再稍加构思，便成一篇文章，有时，一天能写两篇。于是，颇为自己的创作而沾沾自喜。但寄出去的文章很多，发表的却很少，我曾一度为此感到苦恼，甚至放弃写作。当我沉下心重读了一些经典名著后，发现自己的作品不过是小儿科，绞尽脑汁要表达的观点，在大师的笔下可轻而易举地用一句话概括。大师们看问题的高度和对人生世相理解的深度也是我辈所不可企及的。看看这些古圣先贤是怎样写出这些作品的。司马迁《报任安书》中有一段话："盖文王拘而演《周易》；仲尼厄而作《春秋》；屈原放逐，乃赋《离骚》；左丘失明，厥有《国语》；孙子膑脚，《兵法》修列；不韦迁蜀，世传《吕览》；韩非囚秦，《说难》《孤愤》；《诗》三百篇，大底圣贤发愤之所为作也。"再看看这些作品需要多长时间才完成。曹雪芹写《红楼梦》，披阅十载，增删五次；洪昇为完成《长生殿》，历时十余载，三易其稿；蒲松龄二十岁开始写《聊斋志异》，年逾花甲才辍笔，历时四十余载，花费毕生心血。文学作品要的是质量而不是数量，张若虚一篇《春江花月夜》，孤篇横绝，压倒全唐。孟郊仅凭一篇《游子吟》，在文学史上千古流传。相反，有些人留下的文字不算少，但能成为经典的却很少。乾隆一生写下四万三千余首诗，其总量相当于一部《全唐诗》，是李白、杜甫诗歌数量的几十倍，但后世赞赏者甚少。明白了这些道理，我们还有什么可抱怨的。一个写作者如果只为赚取一点稿费，博得一些名声，发表一些时下流行的肤浅文字，究竟能有多大意义。所以还是沉下心来，潜心研读，哪怕留下片言只语，也算是真正做学问。

说到语文教学，长久以来，我一直思考着一个问题。教师每讲一篇课文，怎样才能让学生对文本有所感悟。我想，首先，教师应对文章潜心研读。如果一个教师备课时只是照抄教案，那终其一生也只能拾人牙慧。其次，教师应通过导入语让学生对要学习的课文产生浓厚的兴趣，并在此基础上，通过教师范读或学生朗读，让学生对文本有第一感知。再次，教师应该提问学生对课文的理解程度，而不应该设置问题牵着学生走。最后，对一篇精美的文章，最好的方法还是背诵。唯有背下来，才能内化为自己的东西；唯有背下来，才能对课文有深刻的领悟。我常想，一个教师即使把课文讲得天花乱坠，如果不能让学生有所领悟，学生就不能从中受益。如果教师为了完成教学任务，一味地让学生寻找理解课文的捷径，那就是误导。总之，无论教师还是学生，如果不能对文本有所理解和感悟，就不能算真正学会了。马克思曾说："在科学上没有平坦的大道，只有不畏劳苦、勇于攀登的人才能达到光辉的顶峰。"可见，做学问的唯一途径就是不畏劳苦、勇于攀登。

耐得住寂寞，潜心研读，就要抵得住世俗的诱惑，不被名利束缚，这是做学问者必须具备的条件。当然，若是能够做到这一点，也一定能学有所得，不负光阴。

品质的重要性

居里夫人逝世后，爱因斯坦为她写了悼词。出乎意料的是，像居里夫人这样两次获诺贝尔奖的科学家，爱因斯坦竟然没有赞扬她取得的科学成就，却极力赞扬她的品质。因为，同样作为伟大的科学家的爱因斯坦非常清楚：一个人无论有多大的才能，如果不具备美好的品质，就不可能取得科学上的巨大成就。而且爱因斯坦还认为一个知名的科学家在品德方面对后代的影响是大于其科学成就的。

居里夫人有一句名言："我们应该有恒心，尤其要有自信心。"除了恒心和自信心，她还任劳任怨，勤奋乐观，淡泊名利。了解这些，我们才真正懂得爱因斯坦为什么要赞扬居里夫人的品质，我们才会更深刻地认识到品质对一个人成才的重要性。

我想起了已故的科学家王选，他获得了很多荣誉：计算机文字信息处理专家、中国科学院院士、中国工程学院院士，被称为"汉字激光照排系统之父""当代中国印刷业革命的先行者"等。面对这一大堆的荣誉，平常人也许会赞叹不已。但了解王选的人都知道，他为研制第四代激光照排系统，付出了多大的努力。十八年里他没享受过任何节假日，连年初一都在工作。

王选一生简朴，作为方正的创始人，王选本该拥有很多财富。但方正的员工回忆说，王选一直骑自行车上下班，全身没一件奢侈品。在生命弥留之际，王选意识到自己的病已无法医治，不愿再浪费国家的财力和物力，他让夫人向医院领导转达了他的请求，放弃抢救，将珍贵的医疗资源让给更需要的病人。这样的品质怎能不让人为之感动，潸然泪下？

王选的另一优秀品质是乐于扶植年轻人。1993 年，五十六岁的王选做出了一个令人震惊的决定——退出科研一线，全力扶持年轻人。他说："今后衡量我贡献大小的一个重要标志，就是发现了多少年轻才俊。"他这种虚怀若谷的胸怀和以身作则的责任感，对我们将是永久的激励。

观古今中外，凡在事业上有所成就者，必有过人的品行。一个人要想有所成就，首先要做个好人。社会需要德才兼备的人才，而且更应以德为先，因为只有品德优异者，才能使精神永存，照耀后来者之路。

中国古代文人的悯民情怀

张养浩有一首元曲《得胜令·四月一日喜雨》："万象欲焦枯，一雨足沾濡。天地回生意，风云起壮图。农夫，舞破蓑衣绿；和余，欢喜的无是处。"这首元曲首句用对比的手法写旱象之严重和沾雨之喜悦；第二句写这场雨使大地恢复生机；第三句写农民在久旱逢甘霖之后的欣喜狂舞；末句写作者欢喜得不知如何是好。整首元曲表现了作者与百姓同忧共乐的情怀。

同是写雨润万物，令人不禁想起杜甫的《春夜喜雨》："好雨知时节，当春乃发生。随风潜入夜，润物细无声。野径云俱黑，江船火独明。晓看红湿处，花重锦官城。"诗人在首联赞美春夜所下的雨是"好雨"，因为春季农作物非常需要雨水的滋润，农谚云："春雨贵如油。"颔联写细雨随风潜入，滋润万物。颈联描绘了一幅极其生动的雨中夜景图。尾联写天明雨霁，整个成都城里都是耀眼的繁华。

曲和诗写的都是一场久旱之后的喜雨。张养浩为久旱之雨欣喜若狂，杜甫为滋润万物的好雨纵情高歌。在靠天吃饭的年代，干旱季节，百姓只能乞求于天。一场久旱的甘霖从天而降时，百姓的喜悦之情是无法用言语表达的。而张养浩和杜甫，作为情感细腻的文人，他们为百姓的痛苦而痛苦，为百姓的欢乐而欢乐。这种为民请命、关心民生疾苦的心情，是中国古代文人永恒的情结。

张养浩的《山坡羊·潼关怀古》中有一名句："兴，百姓苦；亡，百姓苦。"作者纵观历朝兴亡的规律，对人民的悲惨命运寄予深切同情。杜甫在《茅屋为秋风所破歌》中也写道："安得广厦千万间，大庇天下寒士俱欢颜。"诗人在自己挨饿受冻的情况下，仍然心忧天下寒士。

关心民生疾苦是中国古代文人永恒的情怀，屈原的"长太息以掩涕兮，哀民生之多艰"；杜甫的"朱门酒肉臭，路有冻死骨"；李绅的"秋种一粒粟，秋收万担粮。四海无闲田，农夫犹饿死"；范仲淹的"先天下之忧而忧，后天下之乐而乐"；郑板桥的"衙斋卧听萧萧竹，疑是民间疾苦声"，无一不是关注百姓温饱喜忧之作。

做学问就需要大器晚成

办公室里几位中年教师经常聚在一起感慨："这辈子就这样了。""到了这个年龄还不注意保健？""人活着有啥意思。"的确，作为教师，已届不惑之年，对教材已经相当熟悉，教课时自然轻车熟路，而且已经评上副高级职称，工作中似乎再也没什么可追求的。一个人一旦失去了目标，生活也就变得日复一日、索然无味，难免产生一些感慨。但是，对于教师职业而言，这种倦怠情绪是要不得的。

四十岁，从个人的职业生涯来看，确实已成定局，但从做学问的角度看，实在不晚，因为做学问就需要大器晚成。

知识的海洋是无止境的，教师在他所从事教学工作的学科中，掌握的知识是有限的，要成就一番事业就需要终生不懈的追求。王国维在《人间词话》中说古今成大事业、大学问者，必经过三种境界，"昨夜西风凋碧树，独上高楼，望尽天涯路"此第一境也；"衣带渐宽终不悔，为伊消得人憔悴"此第二境也；"众里寻他千百度。蓦然回首，那人却在灯火阑珊处"此第三境也。可见，做学问需要经历一个极为艰难的过程。首先，要有"望尽天涯路"的理想和决心，有了理想和决心，还必须为此百般努力，为此消得人憔悴。正所谓天若有情天亦老，人间正道是沧桑。

古今中外成大学问者，无不经历过一个艰难痛苦的积累和磨砺过程。司马迁十岁开始学习古文书传，二十岁时，从京师长安南下漫游，足迹遍及江淮流域和中原地区，每到一处便考察风俗、采集传说，后受腐刑，发愤著书。正因为有了深厚的积累和坎坷的经历，他才能写出传之后世而不朽的历史巨著《史记》。杜甫自幼勤奋好学，后漫游各地，仕途失意，又逢安史之乱，一生都在饥寒交迫、颠沛流离中度过。广博的学问、丰富的阅历、艰难的挫折，使他创作出文学史上璀璨夺目的诗歌高峰，成就了一代诗圣。钱钟书和季羡林终生从事学术研究，才成为中国当代学术界的泰山北斗。国外一些学者为了追求自己的学业，在未成名之前，不得不从事一些与专业毫不相关的职业，以维持生计。大哲学家斯宾诺莎为保持学术思想的自由，宁愿以操磨镜片的职业营生；英国文学家兰姆写得一笔奇特而隽永的散文，而他的终生职业只是一个公司的书记；英国诗人蒙罗在伦敦一条小街上经营一个小书店。

岁月，带给人沧桑的同时，也带给人智慧。只有经过长期的积累和艰辛的磨砺，才能打牢根基，厚积而薄发。所以做学问者，唯有晚成，才能大器。

论项羽的犹豫和哈姆莱特的忧郁

鸿门宴中的项羽在杀不杀刘邦的问题上犹豫不决，最终错过杀刘邦的机会。哈姆莱特被称为忧郁的王子，也是因为他在替父报仇的过程中犹豫不决，最终以悲剧结束。但是，项羽的犹豫和哈姆莱特的忧郁是不可同日而语的。

当项羽听到曹无伤的密报以及范增的劝说后大怒，决心消灭刘邦。可是听到项伯说"今人有大功而击之，不义也"的话后，他又改变了主意，答应项伯"善遇之"。等刘邦到了鸿门，说了一番话后，他听了扬扬得意，不仅原谅了刘邦，请他喝酒，而且把自己的情报来源也说了出来，以表明自己对刘邦并无成见。至此项羽好大喜功的心理已经得到满足，他已经决定不杀刘邦了。所以宴会上范增多次示意杀刘，他都置之不理；项庄舞剑，项伯护卫刘邦，他也熟视无睹。到了樊哙闯帐，怒目而视，将他训斥了一番，他不仅不怒，反而称之为壮士，赐酒，赐彘肩，赐座。其实樊哙的话是对刘邦前面说的话的重复与补充，只是换了一个角度来说而已。而他在这虚伪的言辞面前，却觉得刘邦的话是对的，甚至产生了内疚之感，思想上完全解除了警戒，以致刘邦脱逃，他也毫不在意了。其实，项羽并不是优柔寡断之人，巨鹿之战中，项羽破釜沉舟，最终以少胜多战胜秦国的主力，是何等的勇敢和果断。但是，在鸿门宴中项羽为什么迟迟不杀刘邦呢？主要是项羽没有意识到他和刘邦之间存在你死我活的斗争，他们之间的矛盾是不可调和的。当初，他大怒决心杀刘邦时只是不能容忍刘邦比他强，等到刘邦在鸿门宴上一番花言巧语，满足了他好大喜功的心理，他也就决定不杀刘邦了。

哈姆莱特在为父复仇的过程中之所以表现出忧郁，是因为他认识到他这样做不只是为了个人私仇，更是为了整个社会和国家，他要肩负起扭转乾坤的重任。且看哈姆莱特那段著名的内心独白："倘若不是惧怕那不可知的死后，惧怕那从来没有任何一个旅人回来过的神秘之国，是他迷惑了我们的意志，使我们宁愿忍受目前的折磨，不敢向我们所不知道的痛苦飞去。"从这段独白中我们可以看出，哈姆莱特不仅仅只是为个人复仇，他要拯救整个国家和人民，让人民摆脱封建主义的压迫，让人文主义的思想照耀整个国家。面对如此重大的责任，他不得不踌躇顾虑。

通过以上分析，我们可以认识到，项羽的犹豫是政治上的幼稚，哈姆莱特的忧郁是智者的思考。认识了这两个人物，将有助于我们学习《鸿门宴》和《哈姆莱特》这两篇文章。

追求无价

重读歌德的《浮士德》，我的内心仍然激动不已，是为一个失败者没有停止追求的脚步而激动。

浮士德的一生有五大追求：追求知识，他满腹经纶，却于事无补；追求爱情，他的爱情被保守思想和封建礼法扼杀；追求政治，他为封建王朝服务，却因爱上海伦而葬送自己的前程；追求艺术，他追求古典美，也以幻灭告终；追求社会理想，他建造人间乐园，却在魔鬼的呐喊中倒地而死。浮士德的灵魂被天使带走，升入天堂。高空中，天使们高唱着："凡自强不息者，到头我辈均能自救。"

人如果一辈子都在追求理想，那么，只要有一次机会，就会成功；如果放弃追求，即使再多的机会，也不会成功。只要不放弃追求，即使失败了，还可以总结经验，重新再来。放弃追求，人生就失去了前进的方向和动力，如同熄灭了灯光的黑夜，生活会变得毫无意义。

苏格拉底说："世界上最快乐的事，莫过于为理想而奋斗。"放弃理想的那一刻，人就会凄惨得像泄了气的皮球；执着追求理想，即使一辈子都没有实现，但我们仍会体验到追求路上的快乐与充实。追求理想需要执着，"路漫漫其修远兮，吾将上下而求索"。追求理想的过程中，会面临无数的艰难，需要付出巨大的努力，"衣带渐宽终不悔，为伊消得人憔悴"。正所谓不经历八十一难，终难取得正果。每个成功的人，都有一段疯子般的经历。我的一个同事，下定决心报考公务员，辞去了现有的工作，专心学习。很多人说他发了疯，现在找一份工作多么不容易呀。但苍天不负苦心人，经过一年的努力，他考上了某市局的公务员。有时，我们缺少的不是才能，不是机会，也不是境遇，而是一份执着与信念。

人生一世，有爱恨情愁，有悲欢离合，可只要有一颗追求理想的心，生活就不会失去希望，人生就会充满意义。理想无价，追求无境。

李白与苏轼的胸襟

李白离开长安，写出了许多脍炙人口的诗篇，其中最著名的要数《行路难》《将进酒》《梦游天姥吟留别》《宣州谢朓楼饯别校书叔云》。在这些诗篇中，充溢于诗人心间的是满腔的愤怒。"停杯投箸不能食，拔剑四顾心茫然。欲渡黄河冰塞川，将登太行雪满山。""弃我去者，昨日之日不可留；乱我心者，今日之日多烦忧。"当愤怒无处宣泄时，他忽而消极到极点，甚至有些玩世不恭，"人生得意须尽欢，莫使金樽空对月"；他忽而蔑视权贵，"钟鼓馔玉不足贵""安能摧眉折腰事权贵，使我不得开心颜"；他忽而借酒浇愁，"但愿长醉不复醒""举杯销愁愁更愁"；他忽而想远离现实，归隐山林，"且放白鹿青崖间，须行即骑访名山""人生在世不称意，明朝散发弄扁舟"。

满腔的愤怒，纷乱的思绪，归根结底还是在于诗人没有淡泊的心境、开阔的胸襟。相比之下，苏轼的胸襟要旷达开阔得多。

苏轼因为"乌台诗案"被贬黄州。这段时期，他虽任黄州团练副使，实际上是一个闲人。但他不因闲置而失意，却因赋闲更旷达。黄州城东有一片贫瘠的土地，他为之取名"东坡"，自称东坡居士。一间茅屋粉刷一新，他美其名曰"雪堂"，在那里写出了流传千古的诗词篇章，《念奴娇·赤壁怀古》《前赤壁赋》《黄州快哉亭记》等。在这些作品中，诗人虽有人生如梦的感慨，但充溢心间的是乐观旷达："多情应笑我，早生华发。人生如梦，一尊还酹江月"；虽有世事无常的悲叹，但更多的是对人间的美好祝愿："人有悲欢离合，月有阴晴圆缺，此事古难全。但愿人长久，千里共婵娟"；虽有对人生短暂的叹息，但更多的是一种达观旷远，在大自然中求得解脱："寄蜉蝣于天地，渺沧海之一粟，哀吾生之须臾，羡长江之无穷""惟江上之清风，与山间之明月，耳得之而为声，目遇之而成色，取之无禁，用之不竭，是造物者之无尽藏也，而吾与子之所共适"。

李白在长安三年，供奉翰林，虽然以文章风采名震天下，但这一职务有职无权，只不过供皇帝点缀升平，后因得罪人太多，被逐出长安。唐玄宗待他还算不错，赐金放还。但李白自视甚高，恃才狂傲，以至于满腹牢骚，心神不定。他认为自己可做姜尚、伊尹，梦想"长风破浪会有时，直挂云帆济沧海"。但是，李白的性格是最不适合做官的。他目空一切，口无遮拦，恃才狂放，不事权贵。长安三年，"世人皆欲杀"。

苏轼被贬黄州前，在黄州、密州、徐州、湖州等多地做地方官，不缺历练与经验，他又是科考出身，头名状元，后因才华横溢，被人罗织罪名，遭遇"乌台诗案"。他懂得做人的内敛，也懂得为官之道，懂得民生疾苦，懂得"为官一任，造福一方"。但他更懂得仕途险恶，福祸难料。因此，他不像李白那样，空有一腔理想，徒增万般烦恼。即使这样，他也难逃厄运。因此，他看得很开，每到一处，都能随遇而安，随缘放旷；每到一处，都尽力为百姓做事；每到一处，都能展示才情，写出千古流传的诗词篇章。

李白和苏轼相比，且不论才华高下。在胸襟和自省方面，李白不如苏轼。李白空有抱负，徒增烦恼；苏轼正直敢言，历尽宦海沉浮，却能坦然自处。对于文人而言，除了才情，开阔的胸襟亦十分重要。

小说篇

感　化

自从手机被没收，王文聪心里一直愤愤不平。上课时，他也不知道该干什么，于是就趴着睡觉。时间久了，大家也都习以为常了。老师们上课时从他身边走过，总是笑笑，然后摇摇头离去。一次语文课，他难得没有睡觉，语文老师笑着对他说："今天总算见到你的'真身'啦。"

班主任检查同学们交作业的情况，王文聪毫无意外地被查出没交作业，被叫进了办公室。班主任问他为什么不交作业，他却说自己也想交，就是没有笔和本子。他面上装作不以为意，心里以为会挨一顿揍，谁知班主任却笑着说："有了笔和本子，你就做吗？""做。"他答得斩钉截铁，心里却想，"我不买，哪里会有？难道你给我买吗？"谁知放学后，班主任又把他叫了过来，递给他两支笔和十个本子。

课间操时，王文聪不想去，躲在厕所里抽烟。班主任知道后，让他去围着操场跑十圈。天气炎热，他跑到五圈就大汗淋漓，气喘吁吁。班主任叫他停下，问他以后能不能按时上操，他说能。"君子一言，驷马难追。你是男子汉，说话就要算话。"班主任拍拍他的肩膀，又动情地说，"看你累成这样，我也有些于心不忍，但是学校的制度，我们不能不遵守。你是个聪明的孩子，我相信你一定能做到。"

宿管部检查宿舍卫生，查出王文聪的被子未叠。班主任找他谈话，仍然笑着问："为什么不叠被子？"他说："没钱买新被单，即使叠上，也不好看。""学校发给你的新被单呢？""丢了。""如果有被单，你叠吗？""叠。"晚上，班主任给了他一条崭新的被单。其他老师看不过去，说："华老师，你不能这样惯学生。像这样的学生，开除他算啦。"班主任只是笑笑，什么也没有说。

觉睡够了，王文聪想出校门转转。学校实行封闭式管理，没办法出去，他就装病，找班主任开出门申请单。班主任看看他说："别开了，我领你去看病。"无奈之下，王文聪只好硬着头皮，跟着班主任来到校医室。医生问他哪里不舒服，他含糊道："感冒。"于是，医生拿来一只体温计，让他先量体温。"36.5 度，很正常嘛。"医生又摸摸他的额头，也不烫，便说："没什么事。"

令所有人大吃一惊，王文聪真的浪子回头了。他一改从前的散漫态度，上课认真听讲，及时上交作业，按时上操，积极劳动。他在作业中这样写道："前前后后，班主任为我买笔、本子，又带我看病。我和他无亲无故，他却对我这样好。老师的工资不高，还要养家糊口，却能毫不犹豫地为我买东西。我如果再不努力，就枉为人。"班主任看到后，微微一笑说："只要有爱，石头也会被感化。"

铭 记

那一年，他上高二，做事毛手毛脚，丢三落四，总是静不下心，学习成绩可想而知。一天，他心事重重出门，随手把门关上，却将钥匙忘在屋里。没办法只好找开锁的重新换锁，花去三十元钱。母亲知道后，责骂他："你怎么不长脑子，你整天想些什么，考不上大学，看你能干啥？等着饿死吧。"

这话相当严厉，他只觉如遭五雷轰顶一般，从此便养成一个习惯：做任何事都要三思而后行。这让他在以后的人生中少一些盲目和随从，多一些理智和清醒。高考填志愿，他没有像多数同学那样抗拒师、农类，而是根据自己的成绩填报了师范专业。大学毕业，他没有像多数同学那样留在城市，而是回到家乡任教。他认为，要想让家乡摆脱愚昧和贫穷，只有提高教育水平，努力培养下一代，他愿为此贡献绵薄之力。每逢喜庆宴席，同事相聚喝酒，他考虑酒后易生事，从不多喝，也不劝人多喝。担任班主任后，他总是把各种安全问题提前考虑清楚，讲得很到位，因此，他带的班级很少发生安全事故。开车外出，他不超速，不抢道，遇有紧急情况，他总能事先考虑到。每看一篇文章，他总爱根据题目先猜测文章的内容。养成习惯后，教语文课时，每讲授一篇文章，他也先让学生根据题目猜测内容，教学质量得到有效提升。

如今，二十多年过去，母亲当时的话，他依然铭记。一天，他对母亲说："娘，感谢你当时对我的严厉批评。"母亲却笑着说，她早已忘记了。

也许真的错了

对高老师来说，今夜是个不眠之夜。教学三十多年来，她还从未遇到这样的事，学生家长居然当着许多老师的面，让她向一个小学三年级的学生赔礼道歉。她怎么也想不通。

原来，开学第一周，学校为了解学生情况特意举行了一次考试。一个学生的字写得极差，一向认真的高老师甚至都看不出写的是什么。她气愤地想："假期布置了练字，这孩子怎么不听？干脆打个零分，也让这孩子长长记性。"事情就是这样引起的。

今天上午，高老师正在备课，一个家长领着孩子走了进来。"哪位是高老师？""我就是。""你怎么这样不负责任？我的孩子有些题本来做对了，你却给打零分。""我这是对孩子严格要求，想让他以后把字写好点。""你还严格要求？你这是没有责任心。我的孩子以后还怎么见人？""那你说怎么办吧？""你必须向孩子当面赔礼道歉。"高老师气得全身发抖，说不出话来。早有人将此事告知校长，校长把家长和学生带进了校长室。

这晚，高老师反复思考。她想不通，对学生严格要求也是错吗？以前都是这样做的，学生练得一笔好字后也十分感谢老师。墙上的挂钟已经敲了三下，她还是辗转反侧。老伴心疼地劝她快睡。她又怎能睡得着？

第二天，女儿带着外甥女来了。外甥女刚好也上三年级，高老师便问：

"如果你考试时因为字写得差，老师给你打了零分，你会怎么样？"外甥女的回答出乎意料："我可能再也不想上学了。""为什么？"高老师惊讶地问。"因为全班同学都会看不起我。"外甥女的回答让高老师意识到，她伤害了一个孩子的自尊，于是便问："那你认为老师该怎么办？""我如果是老师，会在试卷上写一些鼓励性的话语，譬如：'你很聪明，如果能把字写工整，你会考得很好。'"

听了外甥女的话，高老师陷入了沉思：自己的出发点是好的，做法却伤害了一个孩子的自尊，也许自己真的错了。

好好读书

1995 年 10 月 7 日发生的那一幕，像火红的烙铁，刻在高致远的内心深处，成为永远抹不去的伤痛。

那天下午，国庆节假期结束，高致远返校，路过高端华家，正遇上高端华也返校。高端华的父亲高贯保在村里声望很高，如今儿子又考上大学，全村人都对他家高看一等。高致远撞上的这一幕，正是他们送别高端华的情景。高贯保站在门口，望着令他骄傲的儿子，一脸的得意。门口不远处停着一辆摩托车，高贯清正站在车旁，等着送高端华去县城车站。高贯保瞧见了路过的高致远，打招呼道："哟，上学去，致远。"高致远一声没吭，低头猛蹬几下，快速离开。

　　高致远、高端华和高贯清是儿时的伙伴。要说学习，从小学到初中，高致远的成绩一路遥遥领先。小学时，每次考试他都是第一；初中时，在班内他的成绩也是名列前茅。高端华不算聪明，却十分努力。而高贯清小学时和高致远关系最好，他做事大胆，敢作敢为，就是学习不太好，上到初一就辍学了。全村考上高中的只有致远和端华两人。文理分科时，致远选文，端华学理。经过三年的努力，致远考取本市的一所师范类专科学校。端华平时的分数本来没有致远高，但他超常发挥考上了外省的一所金融类院校。命运就这样开始产生差距。渐渐地，连哥哥高志根和儿时最好的伙伴高贯清也开始同高端华越走越近，疏远高致远了。

　　返校的路上，高致远边蹬车边想心事，他的心里像打翻了五味瓶，极不是滋味。真是世态炎凉啊！你们有什么本事，这样看不起别人，只会趋炎附势罢了，真是可恶。我要是有本事了，定不会帮你们，但是我又能有什么本事呢？他实在看不到自己还有什么前途。回高三复读，是不可能的。知道分数后，高致远也想到过复读，但家里的经济条件不允许。父母年纪大了，为供自己上学，年近六旬的父亲还要外出打工。春天，父亲跟随着别人到几百里外的城市做建筑工人，老板嫌他年纪大不想收，同去的村里人对老板说，他家里还有个上学的，不打工，学就上不成了。老板这才勉强收下，让他负责烧火做饭。当高致远听父亲说起这些事时，一种难言的情绪从心底涌起，眼眶微湿。面对这样的家庭情况，自己还能复读吗？师专学费低，国家还给予一定的生活补助，而且上两年就能毕业，分配工作，这对父母也是一种帮助。

　　难道这辈子就这样了吗？还有没有别的出路呢？高致远边骑边想，不觉已到学校，此时天近傍晚，太阳落山，西边出现一道美丽的彩虹。返校后，高致远很少说话，只是埋头读书，接连看了几本，恨不能把知识都装进肚里，但仍觉茫然。一天下课，高致远看到中文系的王书记，听同学说王书记德学兼备、平易近人，对学生特别关心。望着王书记远去的背影，他忽然想，何不问问王书记，念完师专还能不能往上考？晚自习时，他看到王书记办公室的灯亮着，就大着胆走过去敲门。门开了，王书记微笑着说："有什么事吗？"王书记亲和的态度多少缓解了高致远紧张的心情。他说："我是中文系三班的学生，叫高致远，想问您个问题。""那很好。来，坐下说。"王书记指指靠墙的沙发。高致远坐下后说："王书记，我们师专生还能不能往上考？我不怕吃苦，也很想努力，但心中没有目标，不知道学什么好。"接着，他把自己的家庭情况以及考上师专后遭遇的非议，都对王书记说了一遍。虽然他一再告诫自己要冷静，但是说着说着，还是禁不住哽咽。王书记认真地听着，然后说："你是一个很有志气的青年，师专生当然能往上考。今年，我们系通过专升本考上本科的有二十四人。考上本科后再读两年，毕业就能分配到高中教学，有的还能留在大学任教，而且本科读完还可以继续考研。当然，专升本考试是很难的，我们中文系三百多名学生，才二十四名考上本科，而且这还是成绩最好的一年。如果你想考，必须早做准备，扎扎实实学好基础知识，才有可能考上。不要气馁，有志者事竟成，机遇总是偏爱有准备的人。"

从办公室出来，高致远有着说不出的激动和振奋。还有十分钟就要下晚自习了，他没有再去教室，他需要理一理思绪，为以后做打算。回首这段时间所遭受的非议，他不禁暗暗下决心，人活着，就是要争口气，苦点累点都不可怕，重要的是要出人头地。他坚定地对自己说："要把握专升本这个难得的机会。"想到这里，他的心情舒畅很多，长期以来的压抑和苦闷顿时减轻。一阵夜风吹来，他觉得全身每一个毛孔都畅快无比。抬头望天空，遥远的星星正明亮地闪烁着，他觉得那是希望之光，是指引他前进的航向灯。

以后几天，高致远向任课教师和上一级准备专升本的同学询问情况，经过认真思考，他制订了一份具体的学习计划。大致包括上课认真听讲，积极思考，做好听课笔记，及时复习，每天留一定时间进行课外阅读，以拓宽知识面。人有了目标，有了计划，每一天都过得紧张而充实，每一天都感到有很多知识没有学完。不知不觉中，已到月底。高致远需要回家一趟，已是深秋季节，需要带回一些棉衣棉被。

周六，高致远早早起来赶路，两个小时的路程，到家里正赶上吃早饭。父母看到儿子回家，心里非常高兴。母亲忙着舀饭，父亲忙着拿馍，桌上摆的是自家腌的咸菜，母亲往菜里加了点香油，一家人吃得津津有味。母亲看着儿子，心疼地说："又瘦了。"致远赶紧说："娘，没事，我身体好着呢。"吃过饭，致远帮母亲收拾碗。突然，他发现父亲脸上多了几道伤疤，忙问："我爹怎么了，脸上怎么那么多伤？"母亲哭了，父亲则一个劲地低头抽烟。

原来，父亲为了多挣点钱，去一百里外的地方跟着村里人修桥。路上需要骑几个小时的自行车。活儿太累了，父亲年岁大，累得受不了。正好有人回村，他就跟着回来了。下午四点钟骑车返回，因为路不熟，天又黑，父亲骑着骑着掉进路边的深沟里。要不是同行的几个人，父亲恐怕出不来了。还好，只是擦破点皮，并没有伤筋动骨。父亲也不舍得去医院，只买了些消炎药。高致远说："我哥怎么不带着爹去医院？"母亲说："别提他了，一个多月没来过一次，他心里只有高贯保。"高致远听着肺都快气炸了，母亲看到儿子脸色发青，吓得再不敢说下去。高致远慢慢回过神来，他咬着牙，在心里暗骂道："欺人太甚，走着瞧吧。"

吃过早饭，高致远和父亲去地里掘花生，母亲在家做饭。父子俩一边干活一边说闲话，致远对父亲说想参加专升本考试。说出去又有些后悔，本科所需要的费用又不知要给父母增添多少劳累，他实在有些不忍。没想到父亲很高兴，说："儿子，人活着就是要争一口气，苦点累点不算什么，只要心中有目标，以后就会有出息。"高致远没想到父亲会这样支持自己的决定。

高致远要返校了，父母又要为钱发愁。正是秋忙季节，地里正需要钱，父亲拿出一百元，母亲说："就这么多了，前几天刚买了肥料。你什么时候没钱了，再回家来拿。"高致远接过那一张票子，却觉得沉甸甸的，那上面凝聚着父母的多少血汗啊！又过了两周，一天下课时，同学对他说外面有人找，高致远疑惑地走出教室，看见父亲正站在门外，惊讶地问："爹，你怎么来了？""没钱了吧，我给你送点钱。"父亲从衣兜里拿出一个小布包，一层一层小心揭开，又一张一张查过一遍，然后递给儿子。"这是五百元钱。天冷了，路上不好走，你就不用回家了。"高致远不愿意要这么多钱，说："家里怎么过？我只要三百元就行了。""三百元怎么行？到过年还有三个多月。""家里也不能没钱啊，你和娘怎么办？"父亲说："家里不用你管，秋粮食这不下来了吗？"父子俩在外面吃过饭，高致远让父亲去宿舍休息，但父亲坚决要走。望着父亲骑车远去的身影，泪水模糊了他的双眼。

高致远拿出一百元钱作为生活费，将剩下的全部存入学校的银行。那时，他怎么也不会想到，后来竟发生这样一件事。大约又过了两周，那是一个星期六的上午，教室里只有高致远一人在学习。这时，进来一个小个子男人，背着包。他冲致远笑笑，在对面坐下，说："这位兄弟学习真用功。怎么，还想往上考？"高致远点头。"好，有志气，我真羡慕你啊！"高致远觉得这人很理解自己，顿感亲切。"我有什么好羡慕的。"高致远笑着说。那人说："唉！兄弟，你不知道，我是湖南人，也是农村的，因家里穷，上到高二就被迫辍学。"高致远听着反而同情起他来。那人接着说："辍学后，我下决心要干出一番事业，我下过煤窑，扫过大街，干过建筑，做过保安，总之一言难尽。一晃五年，到现在才算有了这份生意。"高致远很感兴趣地问是什么生意。那人狡猾地看了高致远一眼，笑笑说："赚钱的事一般是不能说的，但我看你和我一样，都来自农村，都不富裕，今天就对你说了吧。不过，我有言在先，你可不能对外人说。""我保证。"高致远很诚恳地说。那人看了高致远好一会儿，像看着一条鱼儿慢慢接近鱼钩，但他还不能着急把鱼钩拉上岸，还要等时机成熟。只听他叹口气说："谁让我见到你就像见到自己的兄弟。我现在做的生意就是这个。"说完，他拍了拍身上的包，"这包里有各种各样的日常生活用品。"说着，他拉开包，里面有梳子、纽扣、透明胶布、发卡、领带，每样东西约有十件，都用塑料布包着。"这一包梳子能卖二十元，这一包发卡能卖三十元，这一包领带能卖五十元，这一包纽扣能卖四十元。如果全部卖出，能卖五百五十元。当然，肯定有人要讨价还价，但是，再便宜也能卖五百元。我是三百元一包买的，这样一包就能赚两百多元。我今天已经卖出三包，还剩这一包，如果你想要，我就卖给你。当然，看在我们投缘的份上，我只收你三百元，一分钱也不赚你的，反正我今天已经赚了六百元。这一包给你只要个本钱，权当交个朋友。"见高致远不说话，那人接着说："你买下来后，明天去卖，很快就会卖完的，因为这些东西人人都要用，明天一天你就能赚两百元钱。要不我再让你二十元，二百八十元卖给你。让你多赚一些。""那怎么好意思让你赔钱？"高致远终于说话了。他刚才一直在想，如果一包赚两百元，一个月卖个两三包，就不用再找家里要钱了，甚至能赚些钱给父母。单纯的生活环境再加上对父母的孝心，让他对这事没有产生任何怀疑。那人接着说："反正我已经赚钱了，赔给你二十元钱没什么，要不等到你以后赚了钱，再还我就是。"高致远想了想，又说："我身上没带那么多钱，我刚把钱存起来。"那人看了看表，然后说："银行现在可能还没下班，我们赶紧去。"从银行出来，高致远把三百元钱给那人，那人又从兜里拿出二十元给他。这时，那人的手机响了，接通后应答几句，便对高致远说："公司那边让我快点回去，晚几天我再来找你。"说完，便急忙跑开了。只余下高致远一人呆呆地站在原地，做着自己的发财梦。

第二天，高致远一早出发，准备去卖包里的东西。他骑着自行车，见了人也不敢吃喝。到市中心，看到街上人来人往，便把自行车停在路边，把包里的东西拿出来摆在地上。路上的行人有的先看看他又看看地上的东西，有的先看看地上的东西又看看他，却没有一个人停下脚步。高致远极不自在地在那里站着，恨不能找个地缝钻进去。大约过了半小时，突然一辆车停在他面前，从车上走下来两个城管人员，问他怎么在这地方摆摊，让他赶紧收起来。高致远解释自己是个学生，家里实在困难才出此下策。两个人相互看了一眼，其中一个说："念在你是学生，钱就不罚你了，赶紧走吧。这些东西哪个店里没有，谁要你的？再说，你这些东西也不值钱，一包全卖完也不值五十元钱。"城管人员的这句话让高致远意识到自己受骗了。他不敢在街上摆摊，只好钻进小巷，小巷里人少多了，偶尔有几家商店，他也不敢去问，就骑着那辆破旧的自行车慢慢前进。从早晨一直到中午，他实在饿坏了，在街上的一家小饭店喝了一碗面条汤，又继续赶路。总是这样骑车也不是办法，于是，他大着胆子问了几家商店，听到的回答都是两个字："不要。"他越问心里越没有底气。已近傍晚，太阳沉了下来，高致远望着西天的晚霞，一脸的懊丧。

他不知道这些小东西的价钱，竟然还想赚钱，好减轻父母的负担，真是蠢笨到了极点。他决定不对任何人提起这件事，让它作为一个秘密，永远烂在自己肚子里。回到宿舍，已经很晚了，舍友们都去上晚自习了。高致远把包藏在床底，一个人身心俱疲地躺在床上，回忆着从昨天到现在发生的一切，心里一阵懊恼。

以后的几天，高致远都在为自己白白丢失的二百八十元钱而悔恨不已。

上课时，他心里不宁静，什么也学不下去。又到了星期天，高致远还不死心，决定再去碰碰运气。这次，他变换思路，想去服装店看看。他硬着头皮走进一家裁衣店，店里七八个女工正在做衣服，说笑声不断。高致远问她们要不要扣子。这时，一个四十岁左右的妇女站起来，看了一眼高致远，说："你是个学生吧？"高致远点头说是。"我一看就知道你不是做生意的。"她把包拉开，拿出几样东西，然后又说，"你们几个都过来看看。"其余几个年轻姑娘走过来，这个拿起梳子，那个拿起发卡，看看又放回原处。其中一个说："老板，你买下吧。这些扣子还能用得着。""行，我买下。"中年妇女一边说一边看着高致远，"我看你像个学生，才买下这些东西，我猜你肯定是上当受骗了。"高致远的脸一下子红到耳根。"当学生的应当把精力用在学习上，做这些小生意有什么用？这些东西放在商店里全部卖出最多卖六十元，我给你八十元，希望你回去后努力学习。"女老板说完递给他八十元钱。高致远红着脸连声道谢，走出店门。

返校途中，高致远一直回想这件事。耽误一周的学习，整整赔了两百元钱，要不是遇上好心人，会赔得更多。事情总算过去，他暗下决心，以后一定要加倍努力学习。可是，剩下的钱远不够维持这几个月的生活，用什么来弥补一下呢？他实在不想再向父母张口。一天晚自习，经过王书记办公室时，见王书记还在看书，他突然想，何不找王书记帮一帮？他在门口犹豫片刻，咬咬牙走了进去。"王书记还没有休息？"王书记听到声音，抬起头，说："噢！是致远，快坐下。最近学习怎么样？""一直在学，就是心里没底。""明年才考试，时间还早呢，只要把基础知识学扎实，会考上的。""王书记，学校有没有勤工助学项目，我父母年龄大了，靠种地赚不了几个钱，我实在不想再向父母张口要钱了。""真是个好青年，我给你想着这事。""那就不打扰了，您也早点休息。"高致远离开办公室，一阵凉风吹来，他长长地舒了一口气。

　　一天，晚自习时间，班主任让高致远出来一下，说王书记找他有事。高致远猜测八成是好事。果然，到了办公室，王书记说："有一份家教工作，是一个高二的学生作文写得不太好，想找个老师补习。每周六、日辅导两天，每天两小时，从上午九点到十一点，每小时十五元。试用期一个月，如果学生有进步，继续辅导；如果进步不大，就停止。"一开始，高致远有些犹豫，怕胜任不了这项工作，但仔细想了想还是答应下来。他去学校图书馆找出几本作文辅导方面的书，然后认真地看，仔细地研究。他知道，提高写作水平并非易事，需要长时间地观察、体验生活，多读多写。但对于一个马上要高考的学生来说，要想在短时间内把作文分数提高上去，只有靠多思多想。阅读一篇文章，先概括出文章的内容，归纳出文章涉及哪方面题材。然后，通过联想，把头脑内的相关知识串联起来。如此坚持下去，每天阅读一两篇文章，把自己联想到的知识以及讲读后的感想都写下来，没有兴趣便强制培养兴趣。时间长了，也就成了习惯。高致远思及此，心里增添了几分自信。

　　第一次辅导，高致远看到的是一个比自己还高的大男孩，有一米八多。很礼貌，也很懂事，见面就喊高老师。他说："我其他几门课程都不错，就是语文成绩差，主要是差在作文上。"高致远说："在短时间内，提高作文成绩还是有可能的，授人以鱼不如授人以渔，我教给你一个读书方法，只要你不怕吃苦，坚持下去，会进步的。"接着，高致远把自己总结的方法教给学生。然后，选出一篇文章让他读，读后写体会，把想到的全部写出来。学生写完之后，高致远仔细读过，又做了一些补充，两个小时就这样过去了。第二天，高致远去学校图书馆借来一本名家散文，圈出五篇知识性强的文章，让学生一周内读完，再写五篇读书体会，下周检查。转眼一周过去，再次见面，学生说感觉写东西并不是那么难了。这次，两人共同欣赏一篇文章。临别，高致远又为学生布置了同样的作业。这次，高致远也认真读了这五篇文章，并写了感想体会。又一次见面，两人互换读书心得。学生说："高老师，你的知识面宽，比我联想得多。"高致远说："你的思路清晰严密，有些见解是我所不能比的。"两人互相佩服。分别时，高致远除布置阅读五篇文章外，又出了一篇命题作文。两人一起写，下周上课时，两人再互换作文阅读。转眼一个月过去，学生家长付给高致远二百四十元家教费，高致远再三推辞，不肯要这么多。学生家长坚决不同意。因为学生进步快，家长要求他留下来继续辅导，可高致远却觉得很不好意思，说："我实在没有帮上什么忙，要你们这么多钱已经很过意不去了，怎么好意思再教下去。如果弟弟还需要帮忙的话，可以到学校来找我。"

转眼春节放假，高致远回到自己清苦的家中。高端华也放假回家。腊月二十六日，高端华的同学来玩，并让高致远陪同。宴席上，高贯保夸赞儿子多么优秀，前途多么光明。高端华的同学羡慕地听着，一个个不停给高贯保敬酒。高致远在一旁听着，一句话也不说。突然，高贯保指着高致远说："你这辈子还能干啥，当老师连农民也不如。现在农村有很多有钱的人，老师却只能穷一辈子。"高致远听着，不禁热血上涌，他觉得自己受到了嘲笑和蔑视。他觉得自己没有必要再待在这里，便以头晕为借口，回家了。一觉醒来，天已变黑，母亲送来一碗糖水让他解酒。喝水时，高致远的眼里噙着泪花。他怕母亲看见，不敢抬头。母亲说："上午，你爹赶集去了，本来想买五斤肉，可剩下的钱也只够买二斤肉。唉！这个年怎么过啊！"高致远听着，心里极不是滋味，但他没有说话。他能说什么呢？他彻夜难眠，从高中到现在的一幕幕浮现在脑海里。如果上高中时，他就树立了明确的目标，何至于虚度那么多光阴？如果高三时，他能一心一意地向着目标努力前行，何至于浪费那么多精力？如今，考入这样一所学校，遭受多少冷眼，饱受多少轻视。

这个只有二斤猪肉的惨淡春节，也许会永远铭刻在高致远的心底。他又想到了自己今后的前途，如果自己将来过得好，父母会跟着享福；如果自己连自身都顾不了，父母也会跟着受累。想起年迈的父母，高致远愧疚万分。不知过了多久，他披衣走到院中，阵阵凉意袭来，他清醒很多。抬头望天，此时，一勾残月向西流，东方渐露微明。黑夜之后便是白天，人一辈子不能总是倒霉。那一夜，高致远更加坚定了升本的决心，这是唯一的出路，他在心里反复默念着。

春节转眼过去，开学时，父亲拿出两百元钱，但高致远仅收下一百元。他暗下决心，一定要自己解决生活费的问题，不让父母再为自己操劳。到校后，他没有忘记去拜访王书记。虽然他没有拿任何东西就上门，但王书记还是很高兴，要留他在家吃饭，被他婉言谢绝。高致远说出家里的困难，希望王书记帮助他联系家教一类的兼职工作。王书记说："你上次教得不错，那孩子的家长打来电话，说孩子进步很快，再三表示感谢。有了这个基础，以后找类似工作不成问题，我帮你想着这事。但是，你今年最主要的任务是学习，明年三月份就要进行专升本考试了，所以最关键的是这一年，望你努力。"高致远坚定地点头答应下来。走出王书记家，他心里很激动，不禁想：每一次听王书记说话，都有一种如沐春风的感觉，目标明确了，心中豁然了。如果高中时他也能得到前辈的指点，结果可能要比现在强。

正式开学后，高致远比以前更加用功，每天都沉浸在紧张的学习中，转眼两周过去了。第三周，在王书记的帮助下，高致远找到了一份家教工作。依旧是每周六、日辅导，每天两小时，每小时十五元。这次辅导的是一个初三学生，主要科目是英语、语文。有了上一次的经验，这一回，高致远辅导起学生来更是得心应手。一周能挣六十元，基本解决了生活费的问题。有了经济保障，心里也更踏实了，高致远觉得人生充满了希望，全身有使不完的劲儿，这份激情也尽数转化为学习的动力。

周六晚上，同学都出去玩了。高致远一个人在教室里学习，他把一周的功课重新复习一遍。正当他沉浸在文学的殿堂里时，隐约感到有人站在面前。他抬起头，原来是同班同学杜茹青。"你怎么没去看电影？真是太用功了。""我想把功课再复习一遍。""愿意出去走走吗？"面对别人的诚心邀请，高致远当然不好拒绝。两个人走出教室，校园里灯光明亮，广场上正播放电影。他们没去看电影，而是向广场东侧的一条小路走去。路的两旁是高大的杨柳，路上少有行人，小路显得幽深静谧。两个人静静地走着，很长时间没说话，还是杜茹青打破了沉默："你真是太努力了，咱班的同学都没你在学习上用功。""每天都在紧张充实中度过，也挺好的。你想专升本吗？""我没这个想法，我爸是县城小学的校长，我毕业后肯定会被分配到那所小学。""我没你幸运，我生在农家，父母年迈，如果考不上本科，将来只能回农村教书，我不想失去这次专升本的机会，所以只有努力学习。"接着，高致远把升入师专以后遭遇的不公简略地叙说了一遍。杜茹青认真听着，然后说："你的精神真令人佩服，以后经济上有困难，可以找我帮忙。"但高致远是不会随便接受别人的帮助的。此后，两人很长一段时间没有单独说过话。

又是一个周日的上午，高致远结束家教工作，返校途中，正巧遇到杜茹青。杜茹青说去市里转转，问他是否一同前往。高致远不好推辞，便答应同去。两人一块吃饭，高致远主动付了钱。一个多月的家教工作，让他手头稍稍宽裕了些，男子汉在女生面前总该大方一点。饭后，两人商量一起去公园。在公园里，他们一同划船。清清湖水，一叶小舟，周围绿树红花，头顶湛湛蓝天，天高云淡，空气清新，身处其境，如在画中，两人禁不住放声高歌。回来时，高致远感慨："生活多美好啊！"

两天后，上现代文学课时，高致远打开书，看到里面夹着一封信，他赶紧放进兜里。四下看看，并没人注意，这才心神不安地度过一节课。下课后，他赶紧拿出来看，原来是杜茹青写的。信上说，她已注意高致远很长时间了，每周末，她都关注着他的行动，看到他在学习便不敢打扰。那次在教室里主动找他说话，耗费了她很大勇气。令高致远更吃惊的是，前两天的相遇竟也是她有意安排。她还说非常珍惜两人在一起的时光，想与他成为朋友，在生活、学习上相互关心照顾。杜茹青的真情表白让高致远非常感动，自己出身农家，家庭条件和人家的自然没法相比。杜茹青本人也很优秀，一米六四的身高，长着一双大眼睛，皮肤白皙，秀发乌黑。她父亲是小学校长，母亲是小学教师，是书香门第熏陶出来的姑娘，有一种文雅气质。而自己呢，家庭贫困，父母年事已高，有什么优势能让这样一个秀美的姑娘吐露芳心呢？其实，内心的自卑令高致远本人并未意识到，他的条件也是不错的，一米七八的大个，模样周正，再加上农家子弟从小锻炼出的一副强健身体，尽管衣着朴素，却也绝对算是一表人才。

晚自习后，高致远主动约杜茹青出去。两人还是去了那条栽满两排杨柳的小路。高致远说："你的真情让我感动，但我家里太穷，你和我在一起会受苦的。""致远哥，我就是喜欢你的坦诚直率。"高致远这才意识到自己说话太直，人家只是说想成为朋友，相互帮助，而自己已经往深处想了，但这也表明他责任心强，相信她会理解的。杜茹青说："你正直、善良、勤奋、有理想、有责任感，这些都令人敬佩。"那个夜晚，两人谈了很久，直到很晚才回去。此后，接连几天，每次晚自习后，两人就出去散步闲聊一阵，感情也渐渐升温。

又是一个周六晚上，那是一个令高致远永远铭记的幸福夜晚。他第一次吻了杜茹青，那是一种从来没有体验过的幸福感觉。杜茹青身上散发出的幽香，令他感到一阵阵触电般的眩晕。高致远拥抱着杜茹青真诚地说："今生能拥有你，是我最大的幸运。我一定会努力，让你生活得更幸福。"杜茹青听着，将高致远拥抱得更紧。在这之后的很长一段时间里，两人一直沉浸在相见时难别亦难的情绪中，不知不觉，暑假来临了。回首这几个月，高致远才恍然感悟自己浪费了很多时间。

放假前，高致远又想去找王书记，看能否找到合适的暑期兼职工作。但这次，走进王书记的办公室，他心里有一种不安，总觉得自己浪费了许多宝贵的时间，辜负了王书记的期望。但他没有提到自己与杜茹青的事，只是说假期想留在学校，一边挣钱一边学习。王书记真把这事放在心上了，不仅帮他找了一份家教工作，还安排他在学校的工地上帮忙。这样，高致远白天在工地打工，晚上去做家教，生活过得紧张而充实。这期间，杜茹青来过两次，每次都带来很多好吃的，让高致远很感动。五十天的假期，高致远一共挣得一千五百元，攒够了下学期的生活费。他还拿出三百元，为母亲买了一辆三轮车，圆了她多年的心愿。母亲年轻时没学会骑自行车，如今年岁大了，见人家骑三轮车，总是很羡慕。母亲提过多次，但因自己上学，家里的钱终究舍不得用在买三轮车上。如今，望着母亲高兴的样子，高致远心想，以后自己有钱了，一定让母亲过上好日子。

大二开学，王书记召集中文系同学开会，指出这学期是学习的关键，鼓励大家珍惜大学时光，好好读书，并特别告诫有志于专升本的同学更要刻苦用功，这一学期决定成败。听着王书记的讲话，高致远感觉句句都像是针对自己说的。此后，他更加努力，和杜茹青依旧保持着交往。不过，激情过后，理智回归，高致远明白如果自己不能考上本科，那就要去乡镇初中教学，而杜茹青会被分配到县城，两人的差距越来越大，杜茹青的父母肯定不会同意，所以自己只能背水一战。两个月下来，过度紧张的学习、矛盾的心理以及对前途的忧虑，令高致远病倒了。已是冬季，天气特别寒冷，他咳嗽不停，到医院检查，患上了胸膜炎。医生让他坚持输液两周。这两周，高致远每次输液，杜茹青都陪伴左右，令他十分感动。输液后，病情好转，医生让他再坚持吃两个月的药。每天吃下大量苦涩的药片，令高致远深感不适，胃口欠佳，好歹是熬到了病愈。转眼一个学期就这样过去了，宝贵的四个月时间里，有两个多月都是在病中度过的，虽然不用住院，但虚弱的身体状态还是影响了高致远的学习进度。患病期间，高致远不敢再和杜茹青亲密接触，怕传染给她，但两人的情谊却更加深厚纯洁。

寒假，高致远足不出户，每天学习十多个小时。这学期，他没向父亲要钱，家里的生活稍稍宽裕了些。父母心疼儿子，每天的肉和鸡蛋没断过。因为年轻，高致远身体恢复得快，脸上的气色好多了。高端华也放假回家，但忙于应酬，与高致远只见了一面。一天晚上，母亲说："你哥说高贯保说你是书呆子，不接触社会，将来不会有什么出息。"高致远听着心里很不是滋味，心想：那就走着瞧吧。但是仔细想想，高贯保也没有恶意，自己确实接触社会太少。这样想着，也就不再气恨。

开学已是三月初，还有两个月就要进行专升本考试，这是师专生改变命运的唯一机会，每个备考生都非常珍惜，拼命地复习。高致远也不例外，学习很努力。经过寒假一个多月的学习，他现在对课本已很熟悉，最后这两个月，要高屋建瓴地把知识系统化。同时，也要认真听老师讲解，精心做试题。有了计划，也就有了信心。现在，他的身体已经恢复了，只要坚持适当锻炼就行。开学两周后，杜茹青去县城小学实习，两人的交往明显减少。直到考试前三天，杜茹青才回来。考试前一夜，两人约会了一次，一番温存之后，杜茹青说："你一直很努力，相信你会考上的。"高致远说："也很难说。反正教材我已经很熟悉了，谋事在人，成事在天吧。"

考试结束后二十天公布成绩。这二十天里，高致远并没有觉得如坐针毡般难熬。通过这次考试，他感悟到：每一件事情，重要的是过程而不是结果。过程做好了，结果自是水到渠成。其他同学有的提心吊胆，有的焦虑不安，他却能坦然面对，他觉得自己努力了，考上当然好，考不上也问心无愧。杜茹青也返校了，两人度过了一段甜蜜幸福的时光。直到公布成绩的前一天，他才真的有点紧张。他觉得自己这些天过得太逍遥自在，命运会惩罚他的。当他把这种想法告诉杜茹青时，她嘲笑他迷信。

公布成绩的那一刻，高致没有勇气去看结果，是杜茹青帮他看的。杜茹青回来，一脸严肃地说："没考上，仅差两分。"高致远听后，一脸平静。然而，杜茹青马上又笑了，说："骗你的，考上了。中文系考上二十一人，你是第三名，被省城师大录取。"高致远听后，也没什么反应。杜茹青说："你是木头人啊？不喜也不悲。"高致远说："让你蒙得我都不知道是真是假。"杜茹青说真的考上了，他还是不相信，直到遇到王书记。王书记说："致远，考得不错啊！"他才相信自己是真考上了。

省城师大九月初开学，现在才五月中旬，这一段时间高致远只想挣钱。他去找王书记，这次去，他拿了一些水果。王书记说："你是学生，到我这里来，还拿什么礼物？"他说："这哪算什么礼物，路过超市顺便买点水果。"王书记笑了。高致远说："感谢您这两年来的帮助，没有您的指点，我不会考上本科。"王书记说："能考上本科，是你自己努力的结果，我只是给你指出一个努力的方向。"高致远说："一位成功人士说：'人生的成功需要贵人相助、高人指点。'我能够升入本科，这个贵人、高人就是您啊！今后的人生之路还需要您多多给予指点。"王书记说："我算什么贵人、高人，但我希望我们今后能保持联系。"高致远说："我会常来拜访您的，但我现在发愁的是学费。开学前这段时间学习任务不重，我想挣点钱。您能否帮我联系家教工作。"王书记自然答应下来，很快联系上一份家教工作，辅导一个初三学生语数外三科。这次因为有足够的时间，高致远准备得很是充分，因此深得学生和家长的信任。不久，这个学生又介绍了两名同学来上课。因为同时辅导三人，收入自然高了。从开始上课到中考共辅导四十天，原来教一个学生时，每晚辅导一小时，收十五元，后来教三个学生，每个学生只收十元。学生家长拿出一千三百元，他只收了一千二百元。最初的那个学生家很高兴，一个劲儿地夸高致远懂礼貌，并把他们家的电话留给高致远，希望以后常联系。

　　暑假，同班同学张川要办英语辅导班，请高致远帮忙。张川家就在本市一所重点初中附近，家里有空余的房子，高致远只管教。两人贴出招生简章，辅导时间是一个月，每生收取一百元，因为所处位置好，没想到竟招收了一百人。辅导工作是紧张劳累的，每天六个小时的课程，需要两个小时精心备课，还要认真改三四个小时的作业。两人不禁感慨："当老师真是不容易啊，呕心沥血，费心劳神。"一个月总算熬过去，收入也是相当可观的，总收入一万元。除去房子和其他费用，张川拿出四千元给高致远，高致远不愿要这么多。张川说："你客气什么，这是你应该得到的，希望我们以后再合作。"高致远只好收下。连着做家教赚来的一千二百元，再加上这四千元，除去日常花销，他手头还有四千五百元。省城师大第一年的学费是一千八百元，上学是不用再发愁了。已是八月底，距开学还有几天时间，高致根来了。望着自己的同胞兄弟，高致远有一种陌生感。两年了，两兄弟都没有说过话。高致根说："听说二弟又考上省城师大，真是太值得庆贺了，这是咱家的荣耀。我拿来一千元给二弟当学费用。不够，再对我说。"高致远不愿要。母亲说："你哥给你的，你就拿着，以后有钱了再还你哥。"高致根很满意地离开。母亲又说："你们兄弟两年没有说过话，这次他主动给你钱，是你们和好的机会。如果你们俩闹矛盾，我和你爸都会痛苦，你们是兄弟啊！"母亲的话唤起高致远的兄弟情谊，他想起早年哥哥对自己的关心照顾，毕竟血浓于水啊！再想想以后自己不常在父母身边，家里的事还需要哥哥照顾，便说："哥给的钱你们先放着，反正我自己的钱也够用了，如果哥嫂因为钱闹矛盾，你们就还给他。"

九月，师大开学。最初一个月，面对高楼大厦，高致远和班里其他同学经常三五成群结伴游逛。后来，他慢慢感悟到：大城市的繁华与喧闹，对于一个人来说，都不过是表面的东西，看过几遍就不再感到新鲜，重要的是自己要有事做。高致远很佩服那些大学教授们，他们学识渊博，却平易近人；收入不低，却能平淡生活；有挣大钱的机会，却不放弃对学问的追求。深居简出，硕果累累，追求着某一领域的至高境界。一个月无所事事的生活，令致远开始回忆在师专的那两年。那时，为了一个目标而努力学习，活得太充实了。

国庆节临近，杜茹青寄来一封信。信中说，她已经工作，教小学三年级。上班后补发三个月工资，每月三百九十元。并表示，深深怀念两人在一起的生活，深情不忘，愿意相伴终生，希望致远珍惜两人情谊。最后说，国庆长假，想去省城。高致远回信表示，旧日情谊，铭记于心，若能终生相伴，实乃心之所愿。无论相距多远，真情永恒。师大两年短暂，愿彼此珍重。并盼望茹青来省城游玩。此后，两人每天电话不断，直到杜茹青来省城。

杜茹青在省城住了三天。两人一块逛公园，看电影，又转了几所大学。杜茹青望着繁华的城市，非常羡慕地说："在大城市生活真好，我这辈子是无缘了。"高致远说："这些都是表面现象，对一个人来说，重要的是要有所追求，生活才能过得充实。"接着，高致远说了一个多月来在省城生活的感受，并表示决心考研。杜茹青听后，看了高致远好长一会儿，却没有说什么，看得高致远有点莫名其妙。

第一学期，功课很紧张，高致远忙于功课，每天除上课外，几乎没有闲暇。转眼寒假已至，高致远来到县城，杜茹青早早就到车站迎接他。两人在县城逛了几个小时，上午在一家小饭馆吃了饭。下午，杜茹青邀请高致远去她家，高致远不愿去。杜茹青说："我们两个的事，我已经告诉爸妈。他们不反对，并希望见见你。"高致远还是没有去，杜茹青也不再强求，只说改天去他家拜访。

农历腊月二十六日，吃过早饭，高致远在院子里劈木柴，好生火让母亲蒸过年吃的馍。正劈着，忽听自家狗吠声不断，他循声望去，简直不敢相信自己的眼睛——杜茹青正站在门口看着他微笑。她今天穿一件大红袄，围一条白色围巾，往那儿一站，真如山野中一朵娇花，把农家小院映衬得顿生光彩。"你怎么不提前联系我？我也好去接你。"高致远停下手中的活，笑着走过去。致远娘正在烧火，听到说话声走出灶屋，望见自己家门口正站着一个仙女般的姑娘，老人家惊愕得不知说什么好。高致远说："这就是我常跟您提起的，我的同学杜茹青。"杜茹青笑着走过去，叫一声"伯母好"。致远娘这才回过神来，慌忙说："孩子，快进屋，快进屋，咋长得这么好！"一会儿，院子里围了许多人，左邻右舍的大娘婶子都争着看，个个赞不绝口，夸杜茹青长得好，有气质，和农村的漂亮姑娘不一样。致远爹从集上回来，杜茹青见了叫一声"伯父好"。老人家高兴得合不拢嘴。午饭炒了十多个菜，致远娘、嫂子、大娘、堂嫂都过来陪同。饭桌上，又免不了对杜茹青的一番夸赞。

午饭后，两人去村后的田野。田野里一片空旷，麦苗矮矮地铺在地上，极目远眺，让人顿觉心情舒畅。两人走在田间的小路上，一边走一边闲聊。高致远说："没走过这样的小路吧？"杜茹青笑着说："是，我可没见过这样贫瘠的土地。"怕高致远误会,她又忙解释,"开玩笑的,我很喜欢这里。"高致远大发感慨:"这就是养育了中华民族几千年的黄土地。人民世世代代耕耘在这片土地上,日出而作,日落而息。所有的辛劳都化为汗水,洒在这土地上。农村有农村的好处,环境幽静,空气清新。若是夏季,村子周围还有绿树环绕,田野里到处是绿色的庄稼。走在小路上,能闻到青草和泥土混合的气息。"杜茹青听着,像进入了世外桃源,她想起陶渊明和孟浩然的诗句:"暖暖远人村,依依墟里烟。""绿树村边合,青山郭外斜。""没有想到你对这里的感情如此深。"杜茹青感叹。高致远深情地说:"是的,这是生我养我的土地,这里的山山水水、一草一木,我都很熟悉,每一寸土地都留下了我童年的足迹。儿时生活在这里,能清晰体会到四季的交替变幻,后来在外求学,对季节时令的感受却十分迟钝,真有点'城市无甲子,寒尽不知年'的意味。"两人漫无目的地边走边说,心情都很愉快。冬季日短,不知不觉已是黄昏,杜茹青此时返城太不安全,她压根儿也没想回去,便给家里打个电话,报一声平安。晚饭后,高致远把她安排到堂妹家住。杜茹青笑着说:"今天,本想献身于你,没想到你却吃斋念佛。"高致远说:"此情若是久长时,又岂在朝朝暮暮。我真心待你,便不急于这一时。"

春节过后,开学前高致远去王书记家拜访,杜茹青也一同前往。他们买了些礼物,杜茹青抢着拿钱,高致远也就不再客气。王书记见到他们很是高兴,笑着说:"你们来,我已经很高兴了,什么礼物也不用拿。"高致远听着,感觉王书记已不把他们当外人。几人聊得开心,已至中午,王书记留他们在家吃饭。饭后,王书记问:"功课紧吗?"高致远说:"上学期功课多,听说下学期就不紧了。但是,不学习还真有点不充实。"接着,他把师大半年的感受叙说一遍。王书记说:"你已经养成学习的习惯,这一点很重要。现代社会提倡终身学习,学生阶段的学习只是打基础,更重要的是工作后的学习。

既然以后功课少了，你应当树立新的目标。考研吧，你有基础，再努力一年，会考上的。"高致远感动地说："王书记，每次听你说话，我都很受鼓舞。我也想考研，返校后开始努力。"

返校后，高致远询问了一些有关考研的情况，调整了自己的复习方向，除了学习专业课外，便把全部精力用在学习英语上。一天天都在紧张的学习中度过，高致远没有时间也没有精力去做家教，这几个月，杜茹青邮来一千元，高致远很感动，这可是她三个月的工资！高致远心想：将来自己有出息了，一定要对得起这个痴情的姑娘。

暑假，同学张川又发出邀请，想与高致远一同办英语辅导班。高致远本想利用假期在校学习，学校考研的同学已进入疯狂复习的阶段，参加各种培训班，每天四五点钟就起来疯狂学英语。他也受到这种情绪的触动，但是，开学要交学费，还需要生活费，所以他不得不去。和去年一样，忙碌了一个月，高致远根本没有时间学习。虽然为学生辅导英语也能锻炼口语，但和考研要求的相差十万八千里，根本无法得到提高。好在收入相当可观，至少直到年前可以保障衣食无忧了。辅导班结束后，高致远联系杜茹青，一起去市里游玩一番。告别后，他便匆匆返校，疯狂地投入学习。

转眼几个月过去，要进行考研报名了。高致远本想报考本校，师大的研究生毕业也是很好分配的，但是，看到别的同学都报考名牌大学，他也受不住诱惑，填报了复旦大学。考场上，高致远第一天感觉很好，政治、英语两门公共课对他而言得心应手，但是，第二天的专业课考试，却让他措手不及。试卷发下来，他浏览一遍题目后大吃一惊，只有五道论述题，有的偏，有的涉及范围广。三个小时的考试，他总算硬着头皮撑了下来，却深感力不从心。考试结束，他第一个给杜茹青打电话，说了考试情况。杜如青安慰他说："反正考完了，不要再去想，放松一下心情。"他又和王书记联系，王书记说：

"无论考得怎样，学到知识都不是坏事，若考不上，就回来教高中。"后来，他看到本校的考研试题，觉得太简单了，都是自己复习过的，后悔不已。同时，他认识到师大和名校是有一定差距的。

春节过后，已是三月份，成绩马上要下来，高致远心里愈发不安。终于等到这一刻，他打开电脑，结果出来了，距复试线差二十分。那一刻，他的心情很失落，意识到自己能力不足。他想去拜访李教授，李教授是他的授业恩师。当时，李教授就推荐他报考本校，并说毕业后可以申请留校。但他没和李教授商量，就改填了复旦，真是心比天高。现在要去见他，心中很觉得过意不去。李教授见到高致远很热情，说："致远，快请坐。考得不错吧？"高致远说："没考上。"李教授吃惊地说："不可能吧？你实力不错，应该没问题。"高致远如实说了他改报复旦的事。李教授说："复旦的中文系研究生是最难考的。明年再战，不要放弃。"高致远听了很受感动。

距毕业还有两个月，同学都开始忙着找工作，高致远考虑到自己的家庭情况，决定先找工作。考研失败，让他这段时间很消极，开始惧怕学习。想想年前的紧张学习，更如噩梦一般。同时，他开始考虑自己的爱好和能力，通过备考复旦的研究生考试，他认为搞文学评论并非自己所长，即使能考上研，未来留学任教，也很难有成绩。他真正的爱好是历史和政治，而不是纯文学，想到这些，他决定回本市工作。

又过了几天，高致远处理完学校的事，就回到本市，先找了一趟王书记。王书记说："要是在前两年，师大本科留专科学院任教是没问题的，我直接就把你留在系里了。但是，这两年学校正筹备升格本科院校，只招收硕士研究生，本科生一律不要。"王书记想了想，又给市一中的一位副校长打去电话："杨校长吗？我是王道印，你们学校今年还需要毕业生吗？我的一个学生，今年刚从师大毕业，你校最近是否有招聘教师的计划？好好好，多谢！"

王书记挂上电话，转过头，对高致远笑着说："准备准备，先把简历交上去，周日去现场说课。按理说，师大本科去一中任教，学历资质没问题，但是该有的面试流程不可少。说课不同于讲课，一般准备十分钟到二十分钟就行，步骤要清晰。"高致远点头说："过程我清楚，学校里组织过说课，我也参加过一次。"王书记说："那我就放心了，好好准备吧，抓住这次机会。"高致远满怀感激地离开了。走在路上，他还在想："万幸遇到了王书记这样的好人，他帮了我太多的忙，在人生之路上给予过我太多帮助。对于王书记而言，帮助别人就是一种快乐，在自己的能力范围内帮助别人，何乐而不为呢？以后如果有机会，我也要多帮助别人才是。"

说课进行得很顺利，高致远在专业知识方面没问题，本身又参加过说课，所以对此很是自信。高致远说课的课题是《长江三峡》。说课结束，几位评委老师很满意地点头。其中一位年长的老师笑着问他以前是不是教过课。高致远听后，心里已有几成把握。两天后，王书记高兴地通知他："致远，说课很成功，学校方面非常满意，并感谢我给他们送去一位好老师。等暑假结束，你就去报到。一中不错，是省重点高中，名师荟萃，人才济济啊！希望你将来能成为名师，培养出几个考进名校的学生。"高致远听着，心情很激动，说话的声音都有些颤抖："我会好好教的，决不辜负您对我的期望。"说这话时，他的内心涌起一种神圣庄严的使命感。

两天后，高致远正式接到市一中的通知，要求他八月二十日赴学校开会。当他手里捧着这份白纸黑字的通知书时，内心还是禁不住升起一种难言的激动。他的眼睛湿润了。十几年的寒窗苦读，年迈的父母为供自己上学节衣缩食、辛苦劳作，村里人的讥笑嘲讽，王书记的指点帮助，杜茹青的真情和期盼，酸甜苦辣，世态炎凉。如今，他也算找到一份不错的工作，这对于一个农家子弟是多么来之不易啊！当高致远把工作尘埃落定的事告诉父母时，父亲坐在椅子上一个劲儿地抽烟，满脸掩饰不住的笑意。是啊，对于这样一位饱经沧桑、年过六十的老人来说，这也许是他一生中最高兴的事了。父亲一生忠厚老实，却没有文化，很多事情都不得不吃亏受气。如今，儿子在市里找到这样一份工作，老人怎不激动万分？母亲也在一旁高兴地直抹眼泪。父亲说："今天好好庆祝一下，让你哥也过来，把家里的那只老公鸡杀了，我去买点酒。"吃饭时，高致远给父亲端起一杯酒，感动地说："爹，为了儿子，您和娘付出了太多。今后儿子挣了钱，一定让您和娘享享福。"老人家一口喝干杯中的酒，激动得一句话也说不出来。高致远又向他哥敬了一杯酒，说："感谢大哥对我这些年的关心照顾，今后，我在家的时间少，爹娘还要靠哥嫂照顾。"高致根说："兄弟有出息，这是咱们家的骄傲。大哥以前对兄弟的帮助实在太少，真是很过意不去，但血浓于水，咱们是兄弟。你今后有出息了，可不能忘了你哥。"高致远说："哥见外了，从小到大你对我的关心照顾，我怎能忘记？"他望着自己的兄长，心里却感到一阵陌生，还有什么比亲情更重要的？

　　国庆前夕，高致远第一次领到工资，是从七月份补发的，每个月九百元，三个月共领两千七百元。拿着这些钱，高致远细细打算一阵，便依计划开始了自己工作后第一个国庆假期。

　　高致远先邀请杜茹青来市里游玩，他们去了曾一起携手同游过的公园，又去了一起读书的师专校园，重温旧梦，好一番感慨。划船时，望着清清湖水，高致远想起徐志摩的《再别康桥》，一时只觉往日如歌，揉碎在浮藻间，沉淀着彩虹似的梦。他们一直玩到很晚，走在大街上，银白色的路灯将一切照得透亮，白天的繁华与喧闹已经归于平静，偶尔有几个行人从大街上走过，更衬托出夜的静谧。两人回到高致远的宿舍，洗漱之后，自然免不了一番亲热。杜茹青呢喃着高致远的名字，正当激情难控时，高致远却强迫自己冷静下来。杜茹青惊叫："你怎么了？"一段长时间的沉默后，还是杜茹青先开的口："致远哥，你是不是心里有了别人？"高致远忙解释："没有，没有，你是我一生最亲最爱的人。""那你为什么……""我是想将那份美好留到结婚那日。"杜茹青半信半疑，也不再说什么。二人一夜无话。第二天，杜茹青要走，高致远强留，说想买几件衣服给她，但杜茹青坚决不要。临别时，高致远说："我没有变心，你要相信我，我一定会让你幸福的。"杜茹青笑了，说："只要你是真心的，再等两年，我也愿意。"杜茹青走了，高致远怅然若失。

送走杜茹青后，高致远又买了几斤苹果、一只烧鸡和二斤酒，赶回家。高致远拿出五百元交给父亲，说自己领了三个月的工资，还有剩余，让父亲安心收下。父亲高兴地说："啥工作都没有教师好。"高致远说："当教师无权无势，别人看不起。"父亲说："不用管别人看得起看不起，自己过得去就行，当老师既安全又稳当。"是啊，在老人眼里，并不指望儿女能大富大贵，但求一生平平稳稳。母亲说起了高端华的事，令高致远很吃惊。第三年下学期，高端华就没再去学校，一直在家等着分配工作，没想到从那一年开始，非师范生不再享有分配名额。高端华只能在家里待着，到现在已经一年半了，怕被外人笑话，便一直把自己关在家里，变得沉默寡言。高致远听完，并未觉得扬眉吐气，反而深感同情。这个儿时的伙伴，今天怎么走到这一步？"为什么不出去闯，他学的是会计专业，外面的企业那么多，还愁找不到工作？"高致远叹息道。母亲说："他爹不让他走，说出去是打工，在家等分配才有保证。"高致远想去看看高端华，转念一想又觉得不太合适，只好作罢。

从家里回来，高致远又请王书记吃了顿饭。两人找了一家价格不贵但很雅致的饭馆，王书记不擅长喝酒，又不喜荤，只点了四个素菜，一人一瓶啤酒，令高致远很是过意不去。吃饭的过程中，王书记为高致远细细分析着当下的就业形势："教学是不错的，但最近出台了文件，以后我们国家实行公务员考试制度，是用人制度的重大改革。听说，明年三月份市里会组织公务员考试，你不妨在这方面多准备准备。"高致远当时并没在意，在他的印象中，在市委市政府工作的人要名牌大学毕业，自己一个师范类毕业生，去那些部门简直是天方夜谭，太遥不可及了。对于王书记说的考试制度，他也只是半信半疑。

国庆假期过后，高致远忙于教学。一中是重点高中，高致远又是第一年任教，要学习的东西有很多，他平时很少有时间顾虑其他事情。又过了一个月，周末，高致远坐在电脑旁，忽然想起王书记说的话，便想查查有关公务员考试的信息。看到国家真有这项制度，他这才信以为真，但也没有放在心上。直到公务员考试的前一个月，王书记打来电话提醒他该开始准备了，他才从网上搜索了一些题目，仓促应战。考试结果下来，只差两分。王书记知道后，鼓励他好好准备，明年再考。

那天，高致远辗转难眠，思考着王书记的话。现在，各部门都在通过考试选拔人才，既然有能通过考试进入行政部门的机会，自己为什么不去试试？再者，公务员考试对于高致远而言并不难，准备不足的情况下，他的分数已经很接近了。思前想后，他决定再次报考公务员，并好好准备。返校前，他又找到王书记深聊了一次，王书记依旧支持他参加公务员考试："考吧，凭你的基础应当没问题。只要笔试通过，面试就好说了。"高致远被说动了，他很感激王书记没把自己当外人。

开学前，学校开会，安排下一年度的教学工作。学校实行轮流跟班制度，老师从高一跟到高三。高致远高一年级教得不错，自然能跟高二。正好有位老师因个人原因无法教高一，人手排不开，领导正为此头疼，高致远便主动申请替他教高一。这样一来，他既能把高一的教学知识整理巩固一遍，又能有充裕的时间准备考试，还帮领导解决了难题，一举多得。

于是，高致远在工作之余，开始着手为公务员考试做准备。当然，这事只能暗着进行，不能声张。

高致远买了一些公务员考试方面的书，同时不忘从网上搜集有关信息。考前一个月，他又做十多套题。对他来说，公务员考试题没有考研的政治题难，心里便有了几分把握。考场上，试卷发下来，他先大致看一遍，心里便有了底，答得十分从容。考试结束，王书记问情况，他说感觉并不难。

半个月后，结果出来了，高致远考了第一名。王书记知道后很是为他感到高兴。后来的面试也十分顺利，高致远仍是第一名。高致远考上公务员的事，在学校引起了不小的轰动。见一切已尘埃落定，高致远找到校长，诚恳地说："校长，很不好意思，我辜负了学校的培养。"

没想到，校长却说："不要这么说，你能有更好的前途是好事，应当祝贺，这也表明我们学校的老师是优秀的。去吧，只要你坚定初心，勤奋努力，就是我们学校的骄傲。"

七月份，高致远正式去市政府组织部上班。

上班之后，高致远给杜茹青打了个电话。这半年多，因为要兼顾工作和考试，高致远很少联系她。两人虽也见过几次，但每次相见，却不再有从前的那份亲密，彼此说话很客气，像隔着层什么。在高致远的再三解释下，杜茹青虽然嘴上不说什么，但心里还是怀疑。有时，高致远想亲热，杜茹青却只是应付，表现很不热情。现在高致远去市里工作，杜茹青更不会来找他，他觉得自己应该主动维护、修复二人的关系。电话中，高致远提出要去杜茹青家里拜访。杜茹青把消息告诉爸妈，全家人为此忙活了好一阵子。当他提着礼品赶到时，杜茹青一家人早已在门口等着迎接了。杜茹青今天特别高兴，忙着跑前跑后。高致远和杜爸爸说话时，杜茹青就和妈妈忙着做饭，母女两个说笑声不断。高致远心想，这次来得太有必要了。

杜爸爸说："你是个勤学上进的青年，茹青有你相伴，我是放心的。"

高致远答："伯父放心，我们以后不会让您和伯母操心的。"

杜爸爸又问高致远今年多大了。高致远想："他应该知道我的年龄，这样问肯定是想催促我们结婚。"便答道："我和茹青相处多年，也到了结婚的年龄，只是目前什么也没有准备。"

果然，杜爸爸笑了，然后说："看好哪里的房子就买，钱的方面我可以帮助你们。"

高致远说："等把茹青调过去，再买房子也不迟，只是眼下工作调动还很难办。"

杜爸爸说："调动的事，等你稳定了再说。房子也可以晚一年再买，年底先把婚结了。"

"那就按您说的办。"高致远郑重应下。

临别时，杜茹青全家相送，准岳父岳母显然对这个未来的女婿很满意。怎知世事难料，仅仅是一个月后，高致远又站在了人生的岔路口。

市电视台的一位叫方玉珠的年轻女记者，来组织部办事，是高致远接待的，两人说话很是投缘。过了几天，刘处长忽然问高致远有没有对象。高致远思及自己与杜茹青的婚事只是口头商定，还未下聘纳彩，怕影响不好，便含糊道："还未定下。"

刘处长说："前几天来的那位女记者是我夫人的娘家侄女，家就在本市。她对你印象很不错，回了家就把这事说给了她姑姑。这不，夫人非要我过问这事。你好好考虑考虑，到时给我个话，我好回去交差。"高致远后悔没对刘处长说实话，可如今骑虎难下，他一时不知如何是好。

下班后，他反复考虑这事。方玉珠确实有气质，身材高挑，衣着不俗，皮肤白皙，而且她是刘处长的侄女，家又在本市，这层人脉正是高致远所需要的，同方玉珠交往或许会对自己的事业有很大助力。但是，他转念又想起了杜茹青。他们二人多年感情稳定，一起度过了最美好的时光，这个姑娘对自己又是一片痴情，上学时在经济上无私地帮助自己，而杜茹青爸妈对自己也十分信赖和期待。难道让两人多年的感情变成最伤痛的回忆？一方是感情，一方是名利，他的天平该倾向何方？他想起路遥的小说《人生》，主人公高加林追求黄亚萍而抛弃刘巧珍，也不能算错，但是，最终的结局却非他所愿。如果抛弃感情，他怎能对得起杜茹青？思绪渐渐清晰，高致远知道，他是放不下杜茹青的。他决定去问问王书记。

高致远直接去了王书记家。王书记先问了他在政府部门工作的感受。

高致远想了想，说：“提到刘处长，我今天遇到一件难事，想让您帮我决断。”他把事情的经过说了一遍。王书记听后，反问道：“你认为该怎么办？”高致远如实表明自己不想抛弃多年的感情。

王书记听后，以赞赏的目光看着他，然后情真意切地说：“你做得对，一个人如果连多年的感情都能轻易抛弃，是不知回报、不可信任的。日后，他即使身居高位，回忆起往事，也只余追悔莫及。杜茹青对你是真心的，你也放不下她。而你和方玉珠没有感情基础，她又是大家出身，一起生活肯定会有很多不和谐。你若是选择方玉珠，会伤害到一个善良的姑娘，丢弃一段美好的过往，心里便埋下了悔恨的种子。人不能一辈子背负着悔恨生活，那是走不长远的。”

高致远说：“我也是这么想的，只是刘处长那里，我该怎么答复？”

王书记叹了口气，说：“我来替你说吧。”

这之后接连两天，高致远上班时总是忐忑不安。直到第三天，刘处长找到高致远谈话，说："你的事，王书记对我说了。你做得对，我没有选错人。"听完刘处长的话，高致远这才如释重负。

三个月后，杜茹青的工作调动总算批复下来，顺利调到了师专附小。二人在师专附近买了一套一百平方米的房子，作为婚房。正巧师专的一位老师考上研究生，要到外地工作，急着将房子出手。一个愿卖一个愿买，王书记顺水推舟，做了个大人情。

元旦，高致远和杜茹青正式结婚。婚礼很隆重。

婚礼结束后没多久，就到了春节，这对新婚小夫妻决定一起回高致远家过年。农历腊月二十八日的晚上，令人意想不到的是高贯保来到高致远家，手里还拿着礼物。高贯保亲热地说："致远侄儿，叔以前有对不住你的地方，请多包涵。端华和你是从小一块长大的，现在端华还没有找到工作，你能不能帮忙在市里给找一份工作？花钱也不要紧，我愿意出。"高贯保的话语中分明带着哀求的语气。高致远听后，只觉得这之前种种怨恨、不平都消失了，继之而来的是对端华的同情。他说："大叔，你说哪儿去了，我们两家距离这么近，我是你看着长大的。我和端华更是从小一起长大，关系最好。只要能帮得上忙，我一定尽全力。"

高贯保感激地离开了。送走高贯保，高致远陷入沉思：这个做了多年的村支书从来没有这样放低姿态地求过人，这个曾经讥笑他没出息的人，这个多次吹嘘儿子前程远大的人，如今却落到这步田地。高端华的能力，高致远是清楚的，并不聪明。高贯保又一心想让儿子拓宽人脉，高端华在校期间只顾交际，不好好读书，荒废了学业。可以说，从考上大学到现在，高端华并没有学到多少知识，参加公务员考试肯定不行。再加上时运不济，他又白白在家耽误这么多年。对于高端华的遭遇，高致远深感同情，他决定尽力去帮他。

春节过后，高致远便在市里联系了一家企业，推荐让高端华去做统计。高端华总算是走出了家门，迈入了工作岗位。高致远回忆着年少时的种种情景，不禁唏嘘，机会果真是永远握在有准备的人手中。

家和万事兴

陈洁每天早晨六点钟准时起床，然后匆匆洗漱，准备早饭。七点钟去诊所，七点半准时开门营业。两年前，她开了一家中医诊所，刚开始，患者很少。后来，她凭着精湛的医术和热情的服务，吸引来一些病人。不管是青年人常见的慢性病，还是老年人易患的高血压、心脏病，通过她的调理，都能达到一定缓解效果。就这样口口相传，慕名而来的人越来越多，一年后，诊所里开始有病人排队候诊，收入自然可观，是她在医院工作的几倍。陈洁从省中医药大学毕业后，被分配到市中医院，工作了十多年，在竞争副主任岗位时，败给了竞争者。她本就是个好强之人，一气之下，便辞职离开，独自租赁两间屋，开了这个中医诊所。恰好那年儿子考上市重点高中，需要住校，让她省了不少心。

每到周末九点左右，陈洁都要回家一趟，看丈夫是否起床。丈夫杨一年在市民政局上班，现在是一名科长，因为应酬多，常常晚上十一二点回家，所以早晨起来得晚。平时上班，他还能七点半起床，每到周末，如果没人喊，他能睡到上午十二点。陈洁担心丈夫的健康，常说："你这样晚睡晚起，酒肉穿肠，是要出毛病的。"杨一年总是笑着说："你看我现在不是好好的吗？夫人多虑了。"陈洁看看丈夫，无可奈何地摇摇头说："总有一天你要吃后悔药的。"丈夫听得不耐烦，便说："你这不是咒我吗？"陈洁气道："你狗咬吕洞宾不识好人心，以后我懒得理你。"

周末来问诊的病人多，直到十点钟，陈洁才回家，发现丈夫还躺在床上呼呼大睡。她顿时怒火中烧，拉起丈夫，大声嚷道："都几点了，你还不起来，睡死你。"

杨一年正在睡梦中，突然被叫醒，又挨一顿数落，气呼呼地说："你叫唤什么，睡死也不用你管。"

陈洁很生气，把被子扔在地上。杨一年见状烦不胜烦，大声说："你滚！"

陈洁把门"砰"的一声关上，气呼呼地离开家。

在去诊所的路上，她想："我关心你的健康，为你好才说你，可你非但不听，还让我滚。你还讲不讲道理？"她越想越生气，不知不觉，骑着电动车驶入机动车道。只听后面一声紧急刹车的响动，尚来不及做出反应，陈洁已歪倒在路上，左胳膊一阵剧烈疼痛，所幸头脑尚清醒，身体其他部位也感觉不到什么异常。

汽车司机赶紧下车，紧张地问："大姐，你没事吧？"

陈洁说："没大碍，就是左胳膊疼得厉害。"

"大姐，咱们赶紧去医院看看。要是没问题，咱们双方都放心。有问题，咱该怎么看就怎么看。"

陈洁见司机很诚恳，就说："你是个好人。那咱去医院看看，但是你放心，我绝不会讹你钱。"

到了医院，挂号、照CT，一通检查做下来，医生看着CT说："左臂筋骨受损，需要住院两三天。"陈洁不愿住，司机坚持让她住。医生问她家里还有什么人，住院需要人陪护。陈洁这才给丈夫打了个电话。

杨一年匆匆赶来，恨不得立刻揍司机一顿，骂道："你怎么搞的，到底会不会开车？"

陈洁劝道："不要吵了，人家也不是故意的。"

司机办好住院手续，又交了三天的住院费。他说："我还着急送货，不能在医院陪护，不过我会让我老婆过来照顾您的。"

陈洁见他态度诚恳，便说："不用来，你尽管放心走吧。"

司机说："大姐，你真是好人，我送完货就来看您。"

陈洁在医院住了三天，杨一年几乎寸步不离，细心照料，其间不停向妻子道歉："都是我不好，我以后一定听老婆的话，让几点起就几点起，绝不会再发脾气。"

丈夫都说到这份上了，陈洁自然会原谅他，何况两人一直非常恩爱。但陈洁想不通，丈夫那天为什么发那么大的火？自己可是为了他的健康着想。现在自己出事了，他才说改正。如果自己不出事，他会改吗？这种忧虑一直在她心里郁积着。

一天下午，诊所里来了一位六十岁左右、保养得很好的老太太。她说自己有风湿病，每到阴雨天，腿就疼痛得厉害。陈洁望、闻、问、切之后，建议她喝三个疗程的中药，一个疗程为七天。抓药的过程中，两人闲聊起来。老人说她叫苏淑梅，退休前在橡胶厂上班，是橡胶厂的会计。陈洁赶紧叫了声梅姨，老人听了很高兴。

聊得投缘，抓完药老人还不想走，陈洁说："梅姨，你如果没什么要紧事，就多待一会儿吧，正好现在没什么病人，和您在一起我也觉得很亲切，总有说不完的话。"

老人说她也有这种感觉。两人相视一笑，又开始闲谈。老人望着陈洁，直言："你一定有什么心事。"陈洁说没有啊。老人又说："古人讲相由心生，一个人心中所忧，是会表现在面相上的。现在你的脸上充满了忧郁。"

陈洁叹了口气，把劝丈夫早起却遭训斥，又因走神而受伤的事说了一遍，最后说出自己的困惑。陈洁说："我就是想不通，我是为了他的健康着想，为什么他当时对我那么凶？"

老人说："你的目的是好的，但方法欠妥当。推己及人，如果你站在他的角度来看，正在熟睡中突然被叫醒，会是什么滋味？冲自己最亲的人发脾气是很正常的。"

陈洁感慨地说："我当时的做法确实有点欠妥。"

老人说："凡事从别人的角度去考虑，就会少生怨恨恼怒。自私是一切痛苦的根源。"

陈洁听后只觉醍醐灌顶一般，先前的烦恼和忧郁都豁然消散。她笑着问："以后，我丈夫再起晚怎么办？"

老人说："你可以收集一些晚起无益于身心健康的资料。让他自己去读，春风化雨润心田，总比暴风骤雨敲心扉受用得多，夫妻和睦，家庭才能幸福。"

陈洁说："梅姨，我以后要跟你学做人。"

儿子一个月从学校返家一次，夫妻二人为此准备了一桌丰盛的晚餐。吃饭时，儿子一直不说话，二人看着孩子，开始没敢问，怕影响孩子吃饭。吃过饭，丈夫问："杨博，学习上有困难吗？"儿子说："没什么困难。"说完就低下头。陈洁看出孩子有心事，便说："孩子，有什么心事给爸妈说，别憋在心里。"

儿子说："我干脆转学算了。"

"为什么？"夫妻二人几乎同时问。

儿子说："老师把他喜欢的学生排在前面。我上次考试全班排名第九，老师却把我排在倒数第二排，班内其他一些成绩不错的学生也被排在后面。大家议论纷纷，说班主任只关照自己喜欢的学生，都想着转学。"

听了儿子的话，夫妻两人都很震惊。杨一年说："你们学校是市重点高中，班内学生多，老师不可能细致地照顾到每一个人、每一件事，自然要分轻重缓急。这也无非就是在生活学习方面多管、多问了谁一句，或者排位时给谁选个好位置的事，也没什么大不了的。你们不应该厌烦老师，古人说：'亲其师，信其道。'你们厌烦老师，损失最大的还是你们自己。"

夫妻二人一时想不出更好的办法开导儿子，心里很着急。陈洁忽然想起了梅姨，她的那位忘年交。梅姨心胸宽广，智慧仁慈，让她帮助开导一下，应该不成问题。陈洁赶快打电话，老人正好在家。于是，一家三口开车去老人家里。

听陈洁诉说完事情的经过，老人笑着问杨博："孩子，你说说坐在后面有什么不好？"杨博说："也没什么不好，就是看不惯老师的做法。"老人又问："坐在后面有什么好处？"杨博说："那能有什么好处呢？"

老人说："好处多了。首先，你可以通过自己的努力，把学习成绩搞好，给全班证实一下坐在后面也能学好，消除以往的偏见，从而给那些学习差的同学树立榜样，鼓励他们努力学习，不要自暴自弃。其次，你可以在学习上帮助那些成绩差的学生，帮助他们解决疑难问题，教会他们学习方法。你看你的作用有多大。古人讲随遇而安，福祸相依。一个人要学会适应各种各样的环境，即使在恶劣的环境下也要有所改变，有所提高。有时看着是祸，却隐含着福，关键看人如何发挥内因，进行转化。"

杨博说："苏奶奶，您真是胸怀宽广，听了您的解释我想通了。"

老人说:"孩子,一个人的心胸有多大,将来成就的事业就有多大。舜的故事你听过吗?他的继母和他同父异母的兄弟,多次陷害他,他不怨恨,反而以德报怨,最终成为一名圣主贤君。要成为大人物,不但要有心胸,还要学会团结多数人。如果你能帮助那些成绩差的学生,就是团结多数人,这是一种美好的品质。"

杨博说:"苏奶奶,我想通了,返校后我会更加努力学习,帮助更多的人。"

一天,陈洁父亲突然从老家赶来,令她十分意外。陈洁问:"爸,家里有什么事吗?"

父亲犹豫地说:"你……你能借给我些钱吗?你妹要结婚了,我想给她买一台冰箱。"

陈洁问他要多少,父亲说五千元。陈洁便把五千元钱递给父亲,父亲双手颤抖着把钱包好。送走父亲,陈洁想:"我结婚时没给我一分钱,家里还是偏爱妹妹啊!"

当苏淑梅老人来诊所时,陈洁就把父亲借钱的事告诉她,还说兄弟姊妹几个中,老大总是吃亏,父母偏爱最小的孩子。老人听了陈洁的话,沉默了一会儿,然后笑着说:"你做得还不够好,你应该提前把钱送到父母手里,省得你父亲跑这么远亲自来一趟。父母对每个子女都一样疼爱,只不过受家里条件限制罢了。"

老人的一席话唤起了陈洁对往事的回忆。她想起读高中时,父亲给自己送粮食的情景。几十里路,父亲骑着自行车,无论刮风下雨,每月都会准时将粮食送到学校。她想起考上大学时,父亲借了多少家才凑够自己上大学的费用。她想起结婚时,父亲为没钱给女儿买点什么而沉默无言的神情。她又想起，为供自己和弟弟上学，不得不让妹妹辍学时，父亲痛苦的表情。可自己怎么就没想着提前把钱送给父母呢？父亲跑了这么远的路，难为情地张开这个口。现在，自己却因为给了父亲一些钱而炫耀，因为父母给妹妹多买一点嫁妆而抱怨，是多么自私和愚钝啊！她呆呆地想着，连苏淑梅老人什么时候离开的，也不知道。后来，妹妹和妹夫的生活宽裕了，还给父母买了彩电和洗衣机，这更让陈洁感到内疚了。从此，她更加孝敬父母，关爱弟妹。

春节，陈洁跟丈夫回老家，丈夫家有兄弟四个，他是老大。上初中时，父亲病逝，母亲拉扯四个儿子，艰难度日。多亏舅舅资助，兄弟四人顺利读完大学，现在各自有了自己的工作和家庭。所以兄弟四人即使身处天南地北，每年春节也必须带上家人回老家拜见娘和舅，吃一顿团圆饭。

大年初一，一家人围在一起，桌上摆着丰盛的饭菜。大家边吃边聊，好不热闹。杨一年看到母亲还没有进来，便去厨房看看，让他吃惊的是老母亲正在吃昨天剩下的半碗饺子。他愧疚地跪在母亲面前，说："娘，儿子不孝，让你受这样的罪。"然后，他搀扶着母亲走进屋里，愤怒地对三个弟弟说："你们就知道吃喝，咱娘在厨房吃剩饭呢！你们三个过来给娘磕头。"说完，自己先跪在母亲面前，三个弟弟也赶紧跪下。

后来，陈洁把这件事告诉苏淑梅。老人说："你丈夫做得对也不对。这样做能唤起兄弟的孝心，也给下一代子女上了一堂生动的孝道课。但是，这事也不能怪兄弟几个，老人过惯了节俭的日子，加上心疼儿子，便想默默吃掉剩饺子。可你丈夫不问青红皂白先冲弟弟们大吼，方式粗暴，破坏了原本和谐的气氛。这样做虽然对母亲尽到了孝心，却让老人担心了。"

这天，母亲打来电话，说："你父亲今天又发火了，对我大吵大闹，我实在不能忍受，以后我不和他过了。他现在在你弟弟家，我去你那里，不再和他见面。"陈洁说:"我爸就是那样的脾气,你不要理他。他发脾气时,你离他远远的,装作不知道。"母亲在电话那边长长地叹一口气。陈洁感到自己的回答没能让母亲满意。

后来,她把这件事告诉苏淑梅。老人说:"你这样说不对,两位老人一起生活几十年,有很深的感情。生活中的磕磕绊绊是不可避免的,你妈在电话中那样对你说,不过是一时气愤,想让你安慰安慰她。而你这样的话,看似帮了母亲,实际上却令她伤心。"陈洁说:"怪不得母亲当时叹气,我没有理解母亲的心啊。"

过了一段时间,母亲又打电话来说父亲对她发火了。陈洁这次说:"妈,你和爸共同生活几十年不容易。人在不顺心时,总难免对自己最亲的人发火。所以,当爸对你发火时,你多想想他的好,多想想爸为全家付出的辛苦,就会多一分包容,你自己心里也不再委屈了。"母亲听了陈洁的劝说,释然地说:"你说得对,我心里好受多了,你也别担心。"

这件事令陈洁有所感悟,孝敬老人不仅要表现在物质生活上,还应体会老人的心,让老人精神上得到安慰。

命　运

他叫刘洪宣,1982年出生,汉语言文学专业研究生毕业,2010年9月来我校教学,来时已经二十八岁。来到我们这样一所中职学校,总觉得大材小用，有点委屈。

他大部分时候一个人在办公室里用炉子做饭，有时候也去学校伙房买饭吃。他不善与人交流，因此同事中不免有说闲话的，有的说他是上学上傻了；有的说这样下去，他三十岁也娶不上媳妇。他备课非常认真，我看过他的教案和课本，他的字写得又快又好，而且概括能力很强，他绝对是有真才实学的。

一个月只有六百元生活费，他还要从中攒出一部分贴补家用。从学校领了前两个月的生活费，正赶上秋忙季节，他便痛快地拿出五百元钱给家里买化肥农药。他的家庭很拮据，母亲常年吃药，几乎不能下床走动，更别说干活。家里就靠父亲种三亩地，因为要照顾母亲，他父亲农闲时候也不能外出打工，只好种点经济作物。父亲就靠三亩地供他读到研究生，全指望他毕业后能帮上家里。

转眼一学期过去了。寒假期间，刘洪宣没有回家，而是在县城的一家打字社找了一份临时工作。因为他工作勤快，接受能力强，老板很满意，又很同情他的家境，工资便多付了他一些。当他把这钱拿回家时，父亲激动地说还是上学有用。

开学后，他的编制问题解决了，一个月工资一千三百多，又补发六个月的，所以他等于领了七个月的工资，接近八千元。由于他把寒假打工的五千元都给了家里，所以父亲让他自己保留这笔钱。虽然父亲不说，但是刘洪宣明白，父亲是着急他的婚事。毕竟，谈恋爱是要花钱的。

刘洪宣作为一个大龄青年，也想娶媳妇，尤其是当他一个人无事可做时，孤独便像海水一样汹涌袭来。但是，自己这样的家境，他不敢奢想。恋爱是不敢多想的，但是继续考公务员的想法在他心中扎了根。当初来这所学校，他就只是想暂时找个安身之地，好静下心来学习。努力了两个月，他终于又找回了念书时的状态。但是，这种平静的生活还是被一件好事打乱了。

一天，一位老师找到他，说是让他见一个女孩。女孩是一所医院的护士，两人一见如故。刘洪宣说自己家里穷，不能给她什么。女孩却说她什么都不要，看重的是他的学历、品行。两人谈了一段时间，女孩说要领他去家里见见父母。女孩家就在城里，但她却不像其他城市女孩那样现实、物质。

去的时候刘洪宣很紧张，女孩笑着安慰他不用紧张，她爸妈都是很随和的。走进屋里，看见女孩的爸爸后，刘洪宣就懵了，竟然是他寒假打工的那家打字社的老板。

女孩爸爸笑着说："有点意外吧。是我托人让你们认识的，我看重的是你的才华和人品。家里穷不要紧，都是从穷日子过来的，关键是要懂得珍惜。我和她妈都希望你们幸福。"

此刻，刘洪宣是真的感受到了幸福，没想到自己的婚姻大事就这么解决了。刘洪宣与女孩一家人十分投缘，相谈甚欢，他说起了自己想报考公务员的事。女孩爸爸便说："年轻人有想法是很好的，一步步来吧。选个日子，让你爸来一趟，我们一块说说话就算订婚了。"

一个月后，刘洪宣父子俩来了，特意准备了一些礼物，又租了一辆车。他现在手里有点钱，终身大事总不能办得寒酸。两家见了面对彼此都很满意，加上儿女的年龄都不小了，两家人便商量着趁国庆节把婚事办了。幸福来得太突然了，去年还是一无所有的单身汉，今年竟然即将组成一个幸福的家庭，刘洪宣觉得生活充满了希望与力量。

结婚时，岳父给女孩准备了十万元作为陪嫁，并帮他们在城里买了一套小房子。这房子是岳父原工作单位的家属院，几十年的老房子，带个小院，虽然属于棚户区，但刘洪宣已经觉得十分满足了。婚姻大事解决了，教学工作也很顺利，他便把精力全部用在了学习上，考公务员的事并没有随着境遇的好转而消退，反而日益强烈。

2011 年 12 月份，县里有一个报考副科级的机会，刘洪宣参加了，结果连初试都没有通过。同事们又议论纷纷，有的说别看他是研究生，不一定有本科生潜力大；有的说他根本不适合考公务员，即使笔试通过，面试也会被刷下来。

面对别人的议论，刘洪宣性格中的倔劲又上来了，他暗暗发誓，此生不考出个样子来，绝不罢休。他深信自己的实力，他肯定能考上。从此，他更加努力。但是这种状态没有维持多久，还是被打破了——妻子怀孕了。在考公务员这件事上，妻子一直很支持他。岳父既不支持也不反对，只是说能考上就考，考不上也没关系，别把身体累病了。妻子很理解他，尽量不打扰他，但是多多少少还是有一些影响。

妻子孕检查出是龙凤胎，怀孕六个月时，总感觉体力不支，刘洪宣不得不抽出时间陪妻子，学习暂时放下了。

这天，夫妻两人去岳母家里看望，吃中午饭时，来了一位客人。这人是刘洪宣岳父原来的同事，现在也是刘洪宣的邻居，刘洪宣管他叫赵叔。因为刘洪宣平时勤快，邻居家有点小活，都去帮忙。邻居阿姨生病，是刘洪宣帮忙送到医院的；赵叔家的电脑有问题，是刘洪宣帮忙维修的。

"你这个女婿是个好孩子，平时没少帮我的忙。"赵叔先对刘洪宣岳父夸赞了一番刘洪宣，想了想又说，"不过，我今天来，有一件事还需要你们帮忙。我儿子大学毕业分配到北京工作，想买房。不管怎么说，我得想办法给他交个首付，现在还差几万元钱。"

岳父说："我手里不多，一两万还能帮，多了恐怕就有心无力了。"

赵叔说："我不是向你们借钱，大家挣钱都不容易。我是这么想的，我那两套小房子正好和洪宣现在住的房子挨着，可以卖给你们。将来老人来看孩子，也住得方便些。两套房子五万元，过户的事你们不用管了，我来办。"

岳父说："这事我们商量商量，晚上给你回复。"

赵叔走后，岳父说："真是个老滑头。那房子当初是工厂盖的，他一分钱没花。后来办房产证，也是集体一块办的，两套小房子他才花了不到两千元。现在这房子快三十年了，根本不能住，就想赚我五万元，别想！"

刘洪宣却说："依我看，这房子应该买。第一，在农村老家一个小院还能卖一万元，何况这是县城。第二，大叔正急用钱，我们买下也算是帮他。正好我们手里现在有五万元钱。"

岳父说："做人也不能太善良，否则会吃亏的。你们的事你们自己当家，我管不了。可是，你要考虑好，你们以后有了小孩，需要用钱的地方多着呢。"

刘洪宣说："我们能过得去，以前多苦的日子我都过来了，没事的。而且，这房子我可以先买下来，等将来有钱了，就在原地盖一座新房子。"

岳父叹口气说："如果你真想要，就让他给你办过户手续吧。"

刘洪宣将这事与妻子沟通了一番，征得妻子的同意后，便从银行取出五万元钱，交给了邻居大叔。大叔感动得一个劲儿地道谢，直夸刘洪宣是个好孩子，并在三天内就把一切手续全部办齐了。

妻子距离预产期越来越近，每天下班后便回到娘家，由岳母照顾。这段时间，刘洪宣倒是有更多的时间学习了。他每天都要学到半夜，经过几个月的复习，他感觉自己进步很大。

2012 年 8 月 16 日，两个孩子顺利出生，母子平安，皆大欢喜。刘洪宣的母亲体弱不能来，全靠岳母悉心照料。为了照顾方便，岳父岳母干脆搬到小院里来住。孩子出生后，刘洪宣更是几乎没在晚上十二点前入睡过。即便如此，他也未曾放弃学习，每晚都在孩子熟睡后打开电脑，做历年公务员考试真题。

刘洪宣再次参加了全国公务员考试，这次，他报考了南方一个发达城市的教育局人事处。初试结果公布，刘洪宣是第一名，比第二名高六分，比第三名高十分。共有六人报考这个职位，录取一人。距离面试还有一个多月，岳父说："家里的事你不用管了，全力以赴准备考试。"

两天的面试，刘洪宣答得很顺利。

等待的日子是一种煎熬，半个月的时间竟如此漫长。3月，面试结果终于公布，刘洪宣仍然是第一名，面试成绩比第二名高两分，综合成绩高八分，他以第一名的绝对优势被录取。通过面试后，当地市教育局来政审，待政审通过，9月份刘洪宣就要去上班了。刘洪宣在读研究生期间就入党了，在学校工作的这两年，他的表现也十分不错。之前，有些同事在背后议论他为了考公务员简直疯了，现在他真的考上了，同事们又觉得佩服。

直到政审顺利通过，刘洪宣悬着的一颗心才算放下来。这次，他真的要从一个小县城去往南方的发达城市大展宏图了，是知识改变了他的命运。

2013年9月，刘洪宣出发，去往南方。因为孩子太小，一家人商量着先让他自己去，等一切稳定下来，再想办法把妻子调过去。工作一周后，刘洪宣基本适应了当前的工作内容与节奏，直到此时，他仍不敢想象，如今的境况与他在小县城当老师时相比真是大有不同。

局长还找他谈话，让他安心工作，并答应他一年内把他妻子的工作调过来。他把这些情况告诉妻子，一家人都很高兴。岳父激动地说："我当时就看着这孩子有出息。"岳母说："只是以后我们一家就分居两地了。"但是，女婿有出息，岳母也替女儿高兴，短暂的分别也是为了更好的未来。

春节，刘洪宣早早赶回家，一家人总算团聚了。他走时孩子尚小，如今孩子已经一岁半了。刚开始，两个孩子看到他吓得哇哇大哭，不过很快就熟悉了，争着让爸爸抱，一家人尽情享受天伦之乐。

假期结束，刘洪宣带着妻子儿女一同赶往南方，从此，他们的孩子将接受城市的教育。刘洪宣租了一辆车，将岳父岳母也一并接来。妻子被安排在一所实验小学的卫生室工作。这份工作稳定、清闲，妻子有足够的精力照顾孩子和家庭。一切都是那么顺利，岳父岳母也为女儿感到高兴。住了几天，岳父岳母就动身回县城去了。

路上，岳父感慨地说："还是南方发达，就是房子贵点。"岳母笑着说："你总有操不完的心。他们有这么高的工资，还愁房子？"岳父说："你懂什么，房价那么高，不发愁行吗？这座城市的房价每平方米一万八千元左右。如果要买一百平方米，就是一百八十万元。再加上装修和其他费用，没有二百万是办不了的。即使他们一年能攒十万元，也得二十年。"

两个月过去，又到了阳春三月。这天晚上，岳父突然打来电话，让刘洪宣和妻子明天就回来，有重要的事情商量。岳父在电话中声音非常激动，妻子问什么事，岳父只说是好事，天大的好事，来了再商量。第二天，他们各自向单位请了假，匆匆赶回家中。到家已是傍晚，岳父说："我们去饭店吃，这天大的好事，我们必须庆祝。"

吃饭时，岳父才说："你那小院要拆迁了。明天房产局就开始测量，需要本人拿着房产证和身份证到场。听说国家出台了新的拆迁补偿条例，一座带院的房子能包赔五六十万。如果真是这样，你们买房子就不用发愁了。"

刘洪宣和妻子听后也非常吃惊，真是没有想到，当初只是为了帮助赵叔，一年后竟有这样的回报。第二天，房产局量过房子，刘洪宣和妻子又在家多住两天，便回到了南方。

一个月后，岳父打来电话，说房子拆迁了，包赔款已经打到银行卡。刘洪宣用这些钱买了一套一百四十平方米的房子。首付百分之六十，剩下的用公积金贷款，可分十年还清，月付两千七百元，光是每月的公积金就够了。

生活越来越好，刘洪宣望着满脸幸福的妻子和儿女，也觉得十分满足。

难得糊涂

老张和老高是一对要好的同事，老张经常对老高说一些家务事，每次老高都认真地听，但是从不发表意见。一天，两人在一起，老张又开始对老高唠叨家长里短。

"我岳母的退休金有十多万元，前两年买房，我说先借来用用，她不愿意，结果我向银行贷了几万。现在我想先借她的钱买车，以后再慢慢还给她，她也不愿意。你说她拿那么多钱干什么？平常，我岳母总是说：'钱早晚是你们的。'但当有急用时，她却一个子儿都不给，真拿她没办法。"

老高说："要钱的事让你老婆说，你不能张口。"

老张气愤地说："她现在是跟我们过，她应该多帮我们。她有两个女儿，另一个女儿在外地，她只能依靠我们一家，却总说那个女儿好，也不看看跟谁过的。"

老高说："既然你岳父不在了，你岳母应该在两个女儿家轮流住。"

老张气愤地说："还轮流住呢！上次她在二女儿家住了两个月，回来总是哭，说二女儿不行，还是大女儿好。既然知道大女儿好，为什么不多帮帮大女儿？更可气的是，前段时间我母亲在我家住几天，她竟然对我母亲说我这不好那不好。你想想我母亲能不烦吗？她自己亲儿子不能陪在身边，一年四季照顾着岳母，还落埋怨。我母亲当时对岳母说：'儿子有不对的地方，你该吵就吵，该嚷就嚷，你就当亲儿子对待吧，千万别把话别憋在心里。'当母亲将这些话转述给我时，我很生气。我对母亲说：'下次她再给你说我这不好那不好，你直接对她说，你们干脆分开过算了。'"

当老张絮絮叨叨说这话时，老高未发表任何意见。过后，老高把老张的原话写出来，让老张看。老张看后，沉默良久，然后说："我怎么这么婆婆妈妈，这都不像我了。"

老高说："听你说时，我也觉得你是对的，长期相处，再亲近的人也会生怨气，说出来总比憋着好。只是，根据目前的情况，你岳母又必须跟你们过。生活中的磕磕绊绊总是难免的，在家务事上，我奉劝你四个字——难得糊涂。"

我同学陈三木的半生岁月

陈三木和我是高中同学，直到现在二十多年了，我们一直保持着联系，他的经历我非常清楚。

1992 年，陈三木考上高中。那时，农村还很贫穷，学生都是随便找一辆破旧的自行车，就能骑去县城上学。但是陈三木不骑这样的自行车，开始他坐车去上学，后来又要求家里买一辆新自行车，不然就不去上学。那时，一个村里谁家能出一个高中生是很荣耀的事，他爹娘为了让他安心上学，狠狠心花一百元钱，买了一辆凤凰牌自行车。当时正是农忙时节，还要买化肥和农具，本就是急用钱的时候，为了这辆自行车，可把陈三木爹娘愁坏了。

高二开始，陈三木的成绩下滑严重。高考成绩下来，他考得不好，刚过线。但是他回到村里却说自己考了高分，会被名牌大学录取。因为他初中时成绩非常好，所以村里人都信以为真，并相互传颂，他爹娘也因此风光一时。当然，录取通知书下来，他的谎言也被拆穿。他的成绩只够上一所刚刚成立的民办大学，学费也很可观，一学年两千多。他爹娘一辈子与土地打交道，懂得不多，只是全力支持他去上学。大学四年的高昂学费，真不敢想象他爹娘是怎样省吃俭用、节衣缩食的。

大学毕业，他说自己被浙江一所大学录用，要去那里教书，工资一个月四千多。那是 1999 年，在县城上班的，一个月工资才三百多元，在乡镇上班的还没有那么多。这消息在全村炸开了锅。他娘听了，深陷的眼眶中流下激动的眼泪，干裂的嘴唇因哭泣而流血。他爹也激动得热泪盈眶，以为苦日子终于熬到头了，从此可以苦尽甘来。没想到，不到半年他就回来了，谁知道他是因为什么被学校赶走的，还是压根儿就没有教大学这回事。那一晚，他爹一夜未眠。

后来，他又外出闯荡了，也不知去了哪里，一去就是两年。这期间他曾回过一次家，还领回来一个外省的女孩子。突然有一天，他来找我。我非常激动，盛情款待。酒足饭饱之后，他说要借五百元钱。碍于多年的同学关系，我也不好意思拒绝。那时我的一个月工资才四百多，我的孩子还不到一岁，母亲正给我照看孩子，全家就靠我这点工资。因为这五百元钱，我们三个月没舍得吃一点肉。

又过了两年，陈三木又来到我家，还带着新交的女朋友。这次，他归还了五百元钱，还给我儿子买了一些礼物。他说现在在一家化工企业上班，一个月工资三千多，他女朋友是公司副总的女儿，也在同一个企业上班。老板很器重他，已经提拔他为车间副主任。我听了，很为他高兴，劝他好好珍惜，不要再东南西北地瞎闯了，有稳定才有发展。他也表示以后好好干，混出个样子来。那一次我们喝了个一醉方休。后来，他和那女孩子结婚了，我还前去祝贺。席上，我听了一些闲言碎语，大体是说他有些忘乎所以飘飘然，我了解他的性格和为人，因此很是为他担心。不想，后来果真出了事。

车间主任是个五十多岁的人，和老板是同村，办企业时一块共患难闯过来的。陈三木不知自己几斤几两，嫌车间主任什么也不会，写材料、安排任务都是他一人干，公司的几十个年轻的员工都和他关系不错。于是，他鼓动员工罢工，闹得沸沸扬扬，老总震怒，凡是参与闹事的一律开除。一个月之后，他父亲患上不治之症，半年时间不到就去世了，陈三木身无分文，连下葬的钱都是他妹妹和妹夫出的。此后，他又外出闯荡，听说他去过很多地方，换过几次工作。一开始，他媳妇跟着他，后来怀孕了便又独自回到娘家，生下个男孩，陈三木也没管过，他媳妇就带着孩子吃住在娘家。

2009 年，陈三木突然回到县城，把我们几个老同学叫过去，请了一顿饭。他说准备在县城开一家烤鸭店，让我们帮他选门市。几天后，他又买了一辆面包车。加上开店的钱，至少要用十万元，看来他这几年在外面挣了一些。他还说他在某沿海城市买了一套房，是真是假，我们也没必要去探究。正式开业了，生意很不错，他媳妇也跟着过来帮忙。我们这些老同学很为他高兴，帮他介绍生意。后来，他母亲也过来帮忙，他腾出时间，开车送人，我们就帮他联系用车。眼看着陈三木的生活越过越红火，这样的日子已经令我们十分羡慕了，可是，他依旧不满足。

2011 年，他跟着一个开发商承包工地，投入三十万元资金。他手里有十万元，向亲戚朋友借了十万元，又借了十万元的高利贷。他以为搞房地产开发就会有大把大把的票子等着他赚，还没有挣到钱就阔绰起来，开着车到处跑，买了新手机，算下来，他每月的花销至少在一万元以上。他这样大手大脚地花销，加上对建筑行业一窍不通，一年不到，搞得血本无归。

去他家要钱的排成队，要账的自然不说好听话，逼得他娘跪地求饶，他媳妇领着两个孩子全靠娘家接济。他姨借给他五万元，后来他姨夫患上脑血栓，瘫痪在床，无钱医治。他姨来要过几次，他娘说尽好话却无力偿还，搞得姐妹两个如同仇人。更要命的是放高利贷的，领着几个专业讨债的人，每隔十天半月来一次。陈三木自然不敢在家待着，要账的只有逼迫他娘。他娘说："家里就这点东西，你们随便拿。"要账的自然不会拿他家那点不值钱的东西，就这样一晃两年过去。

2013 年秋天，陈三木回来了，还带来一个外省的女人。他还清了所有的债务，说自己手头还有二十万元。有人问他这两年干什么去了，他说跟着一个金矿老板搞管理，月薪三万元，并掏出自己的名片让村里人看，上面印着陈三木经理。于是，村里人相互传颂，说三木发啦，现在是经理。竟然真有很多人找到他家，恳求他给孩子安排个工作。在一片阿谀奉迎声中，陈三木开始忘乎所以，他娘也有点飘飘然，对那些来找工作的乡邻说："你们放心好了，只要我让三木安排，他一定照办。"陈三木天天和村里一些人胡吃海塞，他娘张罗着做饭，忙得不亦乐乎。

陈三木媳妇带着两个孩子回来了，他竟然像没看见一样，还放出话说之所以这样做，是恨他媳妇背叛他，他在外面已经听说他媳妇有了外人。他娘也跟着不理儿媳妇。他媳妇想想这几年自己过的苦日子，无论多苦多累，都挺过来了，但是这一次她想不通，满腔的委屈无处诉说。思前想后，她觉得活在世上实在太没意思了，一个秋风萧萧的夜晚，这个受苦受累的好媳妇结束了自己年轻的生命。老父亲扶着自己女儿的尸体放声痛哭："孩子，你才离开我几天，怎么就这样去了。你跟了我们那么多年，你想不开，你回家告诉爹娘，你怎么就那么傻呢？"苍老的声音伴着瑟瑟秋风，随着飘落的黄叶在空中飞扬。

他媳妇的娘家来了很多人，非让陈三木披麻戴孝，狠狠折腾了一番。他领来的那个女人，早已经吓得跑没了影。那些曾在他家喝酒的人，也不再来了。我们几个同学听说这件事后，个个义愤填膺，想不通他怎么变成了如今的模样。后来，他又不知出了什么事向一些同学借钱，同学都说没有，不肯借他。对于这样的人，谁还愿意理他。

寻求长生

关于汉武帝晚年崇尚长生不老之术，有这样一个故事。

有一年春季，汉武帝巡游东莱。来到海边，想要乘船入海，访求仙山。此时风势猛烈，巨浪汹涌。群臣劝阻说："皇上万金之躯，不能冒此风险，一旦有什么不测，天下万民何以为托？"然而，汉武帝鬼迷心窍，他让一位大臣去附近村里找一些水性好的年轻人。这位大臣去了很长时间才回来，但却没找到人。汉武帝询问原因，大臣说："找遍几个村庄，没见到年轻人。"汉武帝说："你真笨，留你何用！"说完，让卫士们拉出这位大臣斩了。其他人无不胆战心惊。

　　汉武帝又派出一位大臣去找，这位大臣不愿去又不敢不去。他一边走又一边思考着如何不重蹈上一位大臣的覆辙。他找了两个村庄，也不见一个年轻人。家家户户大门紧闭。正当他愁眉不展时，一家大门突然打开，从里面走出一位老人。这位大臣赶紧走过去说明来意，并好奇地问："为什么村里找不到年轻人？"老人长叹一声："村里二十岁以上、五十岁以下的青壮年，全部服兵役徭役去了，只剩下老人、妇女和孩子。因为怕强盗抢劫，家家大门紧闭。"大臣说："刚刚有位大臣因为没有找到年轻人，被杀了。看来今天我也难逃厄运了。"老人听了感叹地说："曾经多么英明的君主，如今却变得如此残暴。我愿意与你一起去面见皇上，要杀就杀了我吧。"大臣听后非常感动，就领着这位老人一起去面见皇上。

　　汉武帝问："让你去找年轻人，怎么找来一位老人？"大臣惊恐得不知怎么回答，他看了看那位老人。老人明白大臣的意思，双膝下跪，哀戚地说："草民今日能见到皇上，真是三生有幸。村里二十岁以上、五十岁以下的青壮年全部服兵役徭役去了，只剩下老人、妇女和孩子，经常有强盗洗劫村庄，所以家家户户大门紧闭，老百姓的生活苦不堪言。找不到年轻人不能怪这位大臣，要杀就杀我吧，大臣是饱读诗书之人，能为国家做更多贡献，请赦免他无罪。"汉武帝听完老人的诉说，低头沉默了很久，但是他那颗寻求长生不老的心没有改变。他问老人："这海风何时停止，这海浪何时不再汹涌？"老人想了想说："已经刮了五天了，估计明天就要停下来，但要防止狂风再起。"

　　第二天早晨，海风停息，大海平静得像一面镜子。汉武帝大喜，说："真是天助我也。"几个方士趁机向皇上道喜。大臣们没有敢说话的，因为他们知道，此时没有谁能改变皇上访寻仙山以求长生不老的心思。只有那位老人说："皇上，不能去。根据我多年出海的经验，海风巨浪往往变化多端，反复无常。"汉武帝说："既然你这样有经验，那么你也跟着一起去。"

同去的有一百多人，找了十只小船，小船一字排开，浩浩荡荡出发了。行了一天一夜，也不知走了多远。天亮了，大家都很疲惫，正坐在船上小睡，突然起风了，海水开始翻滚。一时间人人心中恐惧，睡意全消。这些人多是从长安来的，根本没有水上经验。有些人第一次见海，有些人不会游泳。大家把求生的希望都寄托在这位海边的老人身上。老人说："趁现在风浪小，赶紧用绳子把船连接起来。现在返回已经来不及了，前方不远处有一座小岛，可以先去那里躲避，等风浪平静后再返回。"此时老人的话就像一道圣旨，大家没有不遵循照办的。很快船连接起来，去小岛的方向是顺风行驶，所以不到两个小时，船已经靠近小岛。大家赶紧搀扶着汉武帝上岸。

这是一座面积很小的岛屿，岛上长满了竹子。如果不是这些竹子，这么大的海浪能把整个小岛吞没。卫士们砍伐竹子，开辟出一条小路，进入小岛的中心。又在小岛中心搭起帐篷，作为临时的避难所。此时，大家感觉到的是幽僻宁静，虽然还能听到海浪的汹涌，但感觉是那么遥远和微弱。夜色来临，竹林深处一片漆黑，大家侍奉汉武帝睡下。因为劳累困顿，大家坐在地上就睡着了。

一觉醒来，天已大亮。每个人都饥肠辘辘，带去的干粮已经很少，只能给汉武帝和大臣们吃。汉武帝看了看少得可怜的干粮，懊悔地说："都是朕的错，眼下形势不明，要想平安返回还需诸位爱卿通力协作，剩下的这些干粮大家分着吃吧。"大家相互看看，却没有谁去拿。此时，那位老人说："正是春天，大家可以找一些竹笋芽吃。"

听完老人的话，卫士们赶紧去找，果然找到了不少的竹笋，并用刀把那些竹笋芽切割下来，再放在帽子里，捧回来。靠着这些竹笋芽，大家总算吃了一顿饱饭。饭后，汉武帝命令两个卫士去看看风浪的大小，一会儿两人跑回来，跪在汉武帝面前惊慌地说："不好了，风浪仍然很大，而且船不见了。"大家听了都很吃惊。汉武帝问老人有没有办法，老人说："船灌满了水，已经沉入海底。只有等风浪平静后，让卫士们砍伐大竹竿，连接起来，做成一只很大很大的竹筏子，大家可以乘坐竹筏子回到岸上。"汉武帝问风浪何时能停息。老人说："不好说，以前风浪来袭时，多则十天半月，少则三五天，只能听天由命。"大家心里充满绝望，但是没有谁敢抱怨。汉武帝低着头，不说一句话。幸运的是，风浪肆虐三天便停息了。

三天来，只有汉武帝还能吃点干粮，其他人都是靠竹笋芽充饥。在老人的指挥下，卫兵们忙着砍伐大竹竿。没有绳子，就把大竹竿两头钻洞，然后用稍微细点的竹子把大竹竿串起来。费了半天时间，终于制作成一个长三十米、宽十米的大竹筏子。老人说："这个大竹筏子足够承载我们所有人。趁现在风平浪静，我们赶快返回吧。"大家搀扶着汉武帝乘上竹筏，离开了这座小岛。

上岸之后，汉武帝让两位大臣去附近村庄找点吃的。两位大臣去了很长时间，回来时却两手空空。汉武帝很愤怒，他忍着饥饿问为什么没有找到食物。两位大臣回答："家家户户大门紧闭，找不到一个人。"汉武帝还想再让卫兵们去找，说如果找不到就不必回来了。这时，老人说："这里的青壮年都服役去了，只剩下老人、妇女和孩子。因为不能出海打鱼，很多人没有吃、没有穿。就不要难为村民们了，让我来想想办法。"

老人先回到自己家中，让老伴和儿媳去找村里人，很快聚集了几十个人。大家商议，让几个人下海捕捞一些鱼虾，然后让妇女们煮熟。就这样，大家总算吃上一顿饱饭。但是，汉武帝吃得很少，他低着头，阴沉着脸，不说一句话。大家看着皇上，却没有谁敢上前问一句。其实，汉武帝心中很懊悔，他看到大臣们跟着他受罪，看到海边的村民忍饥挨饿，不忍心再多吃。

天色渐渐黑了，汉武帝迷迷糊糊睡下，他做了一个梦，梦见几千个木头人手持棍棒要袭击他。这时，一位白发老人大喝一声："还不退下！"几千个木头人全部退下。白发老人指着汉武帝说："你这个不肖子孙，还不跪下。你早年聪明睿智，任用贤臣，采纳忠言，征服四方蛮夷，光复大汉基业，功绩至伟。然而你好大喜功，长年的兵役徭役，百姓无暇种田，致使田地荒芜，人民生活苦不堪言。你凶狠残暴，听信谗言，任用奸诈小人。巫蛊案致使官吏相互参劾，百姓相互诬告。你崇尚长生不老之术，许多方士和各类神巫都聚集在京师。这些人都是以旁门左道的奇幻邪术迷惑众生，无所不为。这次你为了寻求仙山，劳民伤财，使百姓处于水深火热之中。你非要将你祖父、父亲辛辛苦苦积攒的财富挥霍殆尽吗？你非要大汉江山在你手中毁灭吗？"梦到此处，汉武帝霍然惊醒，惊出一身冷汗。他明白梦中的白发老者是在警告他。

第二天一早，汉武帝命令立即返回京师。朝堂上，当着文武百官，他感叹道："朕往日愚惑，受了方士的欺骗，天下怎会有神仙，全是胡说八道，也没有谁能长生不老。只有一心为民，让天下的子民过上好日子，百姓才会永远记住他。"于是，他接连颁布几道命令：第一，遣散各地方士和神巫，强制务农；第二，严禁官吏对老百姓苛刻暴虐；第三，废止擅自增加赋税的法令；第四，大赦天下，非穷凶极恶之徒，一律释放回家务农；第五，减少兵役、徭役，一切不必要的工程全部取消；第六，恢复为国家养马者免其徭役赋税的法令，用以补充战马损失的缺额，不使国家军备削弱。法令颁布之后，百姓奔走相告，喜不自禁。那一年，全国多开垦的农田有几十万亩，战马增加了几万匹。又过了三年，大汉又恢复了汉武帝早年的强盛。

自会有报应

王庄村最有故事的人是王二柱。王二柱今年七十三岁，身体硬朗。村里无论谁找他帮忙，他都有求必应。如果你问他一生做了多少好事，他会跟你恼；如果你让他讲一讲他的一生，他也会跟你恼。王二柱不愿意说自己的事，但王庄村的人都知道，只是不对外人说。

王二柱自小学武，武功很是了得。他有三个儿子，长子王龙，次子王虎，三子王彪。王二柱亲自传授技艺，所以三个儿子的武功也很了得。王庄村的人没有敢得罪他的，于是王二柱在王庄村很有地位。

故事还得从 20 世纪 90 年代说起，那时王二柱五十多岁，三个儿子也已经长大。大儿子王龙已经结婚生子，孙子也已三岁。二儿子还未订婚，因为王二柱还没为老二盖房子，没有房子谁家姑娘愿意嫁过来。于是，王二柱便想着建一栋房子。砖瓦梁檩准备齐全，需要找泥水班。王庄村有一个泥水班，领工的叫王大军。王二柱找到王大军，想让他帮忙建房。王大军知道王二柱家的情况，怕不好要钱，但又不好当面拒绝，就推托说："停几天吧，等我把正建着的房子建好，就去帮忙。"

刚过两天，还没等王大军领着泥水班过去，二儿子王虎就领着外村的泥水班来了。王大军和他的泥水班的兄弟们都暗自庆幸。为什么呢？因为他们太知道王二柱的为人，帮他建房子，工钱就别想要了。果不其然，当外村的这帮人给他家盖房时，王二柱和三个儿子都盯着，一点忙不帮，还处处挑毛病找碴。人家用瓦刀砍断一块砖，他们嫌人家浪费；人家累了歇会儿，他们连水都不给喝，还嫌人家干活慢。

一帮人起早贪黑忙了五天，基本建成了房子的主体框架。看着快要建成的房子，为了不给人家建房钱，王二柱想了一个阴招。他把自己的一只羊拴在柱子上，然后把柱子上放架板的绳子轻轻解开，再系上一个活结。

人家来干活时，其中一个年轻人爬上柱子，站在架板上。他的脚刚踩上架板，绳子开了，架板的一头掉在地上，正好砸在羊身上。幸亏年轻人反应敏捷，迅速抱着柱子，不然，非得摔成重伤。王二柱不依不饶，非得让人家赔他家的羊。双方吵起来了。王二柱的三个儿子摩拳擦掌准备打架。人家也不示弱，每人手里拿着一把瓦刀。王二柱看着这阵势，赶紧说："你们这帮人太不吉利，今天砸伤我的羊，明天不知砸伤什么呢。这样吧，你们明天不用来了，你们不用赔我的羊，建房的工钱我也不给你们了，咱们两清。"有几个人不愿意，三兄弟就要揍人家。最后人家不愿惹事，便自认倒霉，走了。王二柱省下两千元工钱。但是房子还没有建成，还需要找人。

十天后，王二柱又找到王大军，想让大军的泥水班帮忙建房。王大军不好再推辞，但是王二柱做的一切，王大军非常清楚。于是他说："我们几个商量一下，明天给你回复。"

第二天，泥水班的几个人聚集在王大军家中，又找来王二柱。王大军说："帮你建房子，兄弟出力流汗不算什么，但是人人都要养家，工钱必须付。"王二柱说："房子快建好了，你们几个去帮两天忙还不行吗？我管饭。"王大军说："不行，兄弟们不愿意。"王二柱很不高兴地离开。

但是，王二柱实在找不到人帮助建房，过了几天，又去找王大军。王二柱说："房子建成需要多少钱？"王大军几个人去看了看房子，粗略估算一下，说："最低价一千元。"王二柱说："八百元行吗？"几个人说："不能再低了，这是最低价。"王二柱想了想，便答应下来。

五个人用四天的时间，终于把房子建成。大热天，人人汗流浃背，王二柱连盒烟也舍不得买，烧着白开水，也不放茶叶。结算时，王二柱说："现在没钱，等年底再说吧。"到年底还有半年，几个人心里都很愤怒，但谁也没说什么。

年底，王大军去王二柱家要钱。王二柱很热情，沏茶倒水，又要留王大军吃饭。王大军不愿意，但王虎、王彪不让走。王大军拗不过他们，又觉得人家一番好意，只得留下来吃饭。

饭后，王二柱说："建房的工钱共一千元，你们每人二百元。我给你三百元，你就跟他们说工钱已经给了，没有谁敢说什么。谁如果不愿意，我来摆平，让王虎、王彪收拾他们。"王大军虽然喝了酒，但头脑还算清醒，当即气愤地拒绝了。

过了几天，另外四人突然找到王大军家，叫嚷着要钱。王大军说钱还没给。但其中一个说："我们刚从王二柱家回来，他说钱已给你了。"

王大军说："走，咱们找他去。"

王二柱正在大街上站着说话，因为是年底，外出的村里人都返家了，街上格外热闹。王大军说："你得把话说清了，建房的工钱你给没给我？"

王二柱说："不是给了吗？你还吃了我一顿饭呢。"

王大军说："我确实吃了你家一顿饭，可是饭后你要给我三百元钱，让我说工钱已经给了，想扣下那七百元钱。我当时就拒绝了。"

王二柱说："街上这么多人，你怎么胡说八道？"

王大军说："我没有胡说，你敢对天发誓吗？"

王二柱说："我都五十多岁的人了，你怎么能让我发誓？王虎、王彪你们两个还愣着干什么，就看着爹受欺负不成？"

于是，这两兄弟把王大军一顿打。其他几人也不知道该相信谁，都灰溜溜地走了。王大军忍着疼痛，心里愤恨到极点。他对王二柱全家充满仇恨，对一起干活几年的兄弟充满失望和愤怒。几年来，兄弟们一块干活，王大军虽然是领工，却从未多要过钱，宁愿自己吃点亏。身上的疼痛加上心里的愤恨，让王大军病倒了，病了整个春节。

正月十五过后，王大军的病才完全好了，他一个人背着行李外出打工去了，再也不愿意领工。这是后话，而大年三十晚上还发生了一件事。

农村人有个习惯，大年三十晚上喝过酒之后要推几把牌。王二柱的长子王龙也不例外，叫了几人一起打牌。开始时他的确赢了些钱，后来他看手气好，下了一把大的，结果输了。他不甘心，接连下了几把，都输了。输了钱，他就开始嘴上不干不净地骂人，大家一看再玩下去可能要打架，都要散伙。但王龙不让走，说："谁也别想走，走了别想要钱。"一个赢钱较多的说："你先把钱给了，咱们再玩。"王龙说："谁欠你钱？"那人说："你欠钱不还，怎么还骂人！"王龙说："我骂你，还揍你呢。"说完，抬手就揍了那人一拳。

还有一件小事，发生在正月初四。王二柱领着三岁的小孙子在街上玩。有一个卖拨浪鼓的，二柱的小孙子上去拿了一个玩。那人望着小孩笑了笑，也没说什么。小孙子玩了很长时间，那人要收摊回家了，便走到小孩跟前，笑着说："我要回家了，拿过来吧。"小孩不愿撒手，还大哭起来。王二柱骂那人把他孙子吓着了，一脚把人家的货摊踢翻在地，抱着小孙子走了。

王二柱家是村里一霸，大家都知道他坏，却没有人敢说。大家见了他家里的人都远远地躲开，尽量少和他们来往。王二柱家却不知收敛，越发霸道起来。

谁也没想到，王虎出事了。王虎在一家工厂当保安，工厂离家五十多里路，为了方便，他买了一辆摩托车。有一天，他正在路上开着，看到前方有一个骑电动车的漂亮姑娘，他就想加速追上去。谁知那姑娘在一座小桥边拐弯了，王虎两眼只顾盯着漂亮姑娘，没看到有一座桥。再加上车速太快，摩托车先是撞到桥栏上，接着掉进河里。听人说王虎的头撞在桥栏上撞晕了，又掉进河里淹死的。当王虎的尸体被打捞上来时，王二柱当时就晕了过去。

这件事刚刚过去几个月，全家还没有从悲痛中走出来，王彪又出事了。乡里派出所来了两个人，找到王二柱家，问王彪是不是他儿子。王二柱心里顿时惊恐万分，颤抖着声音问：“同志，出什么事了？”一个民警说：“你儿子在外面和人打架，把别人打伤了，伤者家属报了案。你儿子被判了五年有期徒刑，现在关在重庆监狱，重庆有关方面通知家属去探视。”王二柱还没听完就坐在地上。两个民警走远了，他还坐在地上呆愣着，不知所措。

一年内，王二柱家接连发生大事，几乎家破人亡。王二柱开始思索原因，他明白是他没能以身作则，把这三个儿子都教坏了，只会打架惹事，横行乡里，他家现在是咎由自取。于是，他告诉家人：“把所欠的建房工钱还上，包括外村的泥水班的钱。从明天起，全家人都要与人为善，多做好事，宁可自己吃亏，也不能再惹是生非。”

诗歌篇

对孩子的爱

从家到单位，

本来并不远，

但有时禁不住要多走一段路，

目的是从儿子读书的学校旁经过。

当听到教室里传来琅琅读书声时，

心中会有说不出的欣喜。

这是孩子们在学习知识，

未来的希望从这里升起。

在厨房做饭时，

听到路上的自行车声，

就知道儿子来了，

当听到一声喊——爸

把门打开时，

看到儿子欢快的身影，

做饭的速度不由得加快。

当孩子想买一本书时，

看到价格不菲，

犹豫再三，

还是买下。

睡觉前，

和儿子并肩坐床头看书，

会有一种幸福从心底升起。

和孩子讨论一个问题，

或看一部电视剧，

当孩子明白真、善、美、高尚、正义和诚信时，

内心会有说不出的欣喜。

翻阅着儿子每一年的相册，

往事一幕幕浮现，

有一种孩子长大的欣喜，

也有一种逝水流年的迷惘。

孩子偶感风寒，

带孩子看病时的那份焦虑，

只有父母才能体会。

当孩子病愈后又开始活蹦乱跳时，

那份欣慰只有父母才能体会。

和孩子相处的点点滴滴，

说不完，说不尽。

做不完，做不够。

爱情，不属于我们这个年龄

十六七岁，

人生最美好的花季雨季，

我们确实应该珍惜。

我们是苗壮成长中的树苗，

要成为参天的栋梁，

必须摄入充足的营养。

我们是八九点钟的太阳，

要想焕发出耀眼的光芒，

必须等到正午的时光。

爱情是一朵娇艳的花，

但如果过早地涉入爱情，

就像摘一朵带刺的玫瑰，

往往会被不经意地刺伤。

爱情是一颗甘甜的果，

但如果过早地涉入爱情，

就像采一枚青色的橄榄，

只能品尝到难言的苦涩。

爱情是一株茂密的树，

但如果过早地涉入爱情，

就像拔断了树的根，

只能让树叶过早地枯萎。

世间万物各有自己的生长季节，

过早地成熟，

就会过早地凋零。

应该在秋天成熟的果实，

不要让它过早地挂在春天的枝头。

我们既然正处于春天，

就不要过早地去做秋天的事。

我们稚嫩的手掌，

只能承受书本的重量，

还无法抹平对方心灵的创伤。

愿我们把青春的心事，

尘封进粉红色的记忆，

去感受阳光的灿烂，

天空的蔚蓝。

父　爱

那天我回到家中，

看到我来了，

父亲急忙把手中的碗给了我。

今天吃饭时，

儿子吃完自己的问还有没有，

我赶紧把手中的碗给了他。

感悟快乐

不要盼什么惊天伟业，

不要想什么宏伟壮举，

只要每天能够平凡地工作，

就是人生最大的快乐。

不要总是抱怨生活，

不要认为不公平的事太多，

凡事都应想得开，

其实一切都没什么，

就会找到生活的快乐。

不要刻意做些什么，

不要违背心愿去说，

只要自然真实地生活，

就有人生无限的快乐。

每天怀着责任心工作，

每天在工作中创造开拓，

平凡的生活中也会充满快乐。

每天对亲人做一些事，

每天对同事尽一份心，

甚至向陌生人展露一个微笑，

只要你觉得有意义，

也会体会到生活的快乐。

告家长

不要按照你的想法，

让孩子这样那样。

当孩子需要的时候，

再去帮忙。

皮鞭下的孩子，

只会产生逆反心理。

适时的鼓励，

也许能激发孩子无穷的动力。

只要孩子能做的事情，

我们何须去问？

当孩子思想上出了问题，

我们必须做他们生活的指路人。

孩子是家庭的希望，

民族的未来。

如同一棵苗壮成长的幼苗，

就让其经受阳光的暴晒，

风雨的洗礼吧。

可是当其枝杈横生时，

我们必须无情地将其斫去。

园丁颂

为了给学生一杯水，

您要准备一方池塘；

为了给学生一粒种子，

您要播种一片土地；

为了让学生上一个台阶，

您甘为无私奉献的人梯。

学生病了，

您寻医问药；

学生困惑了，

您指点迷津；

学生囊中羞涩了，

您慷慨救济。

您是学生遮雨的伞，

是挡风的墙，

是庇护的羽翼。

您的话语，

有时像和风细雨；

您的教诲，

又是那么坚毅；

您的关切，

是那么语重心长；

您的凝视，

永远聚焦在学生的心底。

您用心中的爱，

涂画学生青春的色彩；

用执着的信念，

铸就学生不屈的性格。

您丰富了学生的心灵，

开启了学生的智力，

为学生织起腾飞的羽翼。

老师，

您的恩情，

像山一样巍峨高大，

像海一样深不见底。

春雨，

滋润了万物，

却无声地消失在泥土里。

绿叶，

映开了红花，

却默默地化作春泥。

蜡烛，

照亮了周围，

却燃烧了自己。

老师，

为了学生，

您总是损耗着身体，

怎不令人感激！

您是那么不爱炫耀，

却总想让桃李绚丽。

没有现代化的机器，

您尽情挥洒的是一支粉笔；

没有广阔的舞台，

一块黑板就是您耕耘的土地。

和农民相比，

也许您收获得不够显著；

和工人相比，

也许您没有明显的成绩；

只有桃李满天下时，

您才体会到收获的欣喜。

今朝的工作，

却建设着祖国的明天；

三尺讲台，

却播撒在祖国的千里万里。

有人赞颂您，

是春蚕，

是蜡烛，

是辛勤的园丁。

如春雨，

滋润万物；

如阳光，

普照大地。

一脸的疲惫，

沧桑的倦容，

您却能体会到

职业的快乐，

获得精神的慰藉。

时传祥精神

时传祥，

一个普通的人，

从事着一种普通的职业。

然而时传祥的名字，

却注定要写进共和国的历史长卷，

赢得社会的普遍尊敬。

身为清洁工，

他奉行着一个基本准则

——宁可一人脏，换来万家净。

他用实际行动，

诠释了一种精神

——正直、敬业、实在。

这就是时传祥精神。

这是一种爱岗敬业、吃苦耐劳的精神，

这是一种毫不利己、专门利人的精神，

这是一种全心全意为人民服务的精神。

为文者的自白

纵观古今，

凡成就事业者，

必经历常人不能忍受的

艰难困苦，孤独寂寞。

所以，

欲有所成就，

必须时刻拥有一颗

坚定执着、淡泊名利的心。

既然，

爱好写作，

为什么不优雅地活着。

为了，

蝇头小利，

去做俗世的尘事，

放弃一生的追求。

一年年，

虚度光阴，

理想成了空想，

空有一腔理想。

因此，

不要羡慕，

别人的富有，

那不属于你，

你应该坚守精神高地。

别让自己，

一生碌碌无为；

别为自己，

留下太多后悔。

我该如何爱我的祖国
—— 一名教师向祖国的表白

我是一名普通的人民教师，

我深深地爱着我的祖国。

我该如何爱我的祖国，

这确实应该好好思索。

爱是教育的灵魂，

作为教师，

我应时刻怀有大爱之心。

淡泊名利，无悔付出；

静心教书，潜心育人；

立足岗位，甘于奉献；

至诚报国，开拓创新。

为人师表，率先垂范。

榜样的力量最无穷。

随手捡起教室里的一片纸，

这看似不经意的行动，

却让学生懂得勤劳、爱干净。

一方有难，八方支援。

危难之中显身手。

当祖国的某一处遭遇灾难，

作为教师

无私地伸出援助之手，

慷慨解囊。

这一善举，

送去的不仅是微薄的财力，

还是大爱的火焰。

民族精神是一个民族赖以生存的核心和灵魂。

爱国主义是民族精神的重要内容。

作为教师，

我应该弘扬伟大深沉的爱国精神。

向学生播撒爱国主义的火种，

让爱国精神代代延伸，绵延不断。

爱好和平是民族精神的又一内容。

中华民族是一个爱好和平的民族，

作为教师，

让学生了解中华民族灿烂的古代文化，

了解中华民族近代的屈辱和抗争，

更加珍惜热爱和平。

天行健，君子以自强不息。

五千年的中华文明，

孕育出生生不息的民族精神。

作为教师，

让学生了解中华民族奋斗抗争的历史，

奋发向上，不断进取。

少年强，则国强；

少年智，则国智。

少年的未来要靠教师来引导，

少年的前途要靠教育来实现。

作为教师，

我们担负着教书育人的重担。

我责无旁贷，诚惶诚恐。

为实现中国梦、教育梦，

贡献自己的全部力量和智慧。

我愿意

我愿意是枯枝，

任怒吼的北风，

将我折断。

只要我的爱人，

是一片绿叶，

在和煦的春风中，

吐出新芽。

我愿意是泥土，

任无情的脚印，

将我践踏。

只要我的爱人，

是一株小草，

在我温暖的胸膛里，

长出娇嫩的新芽。

我愿意是骆驼，

驮着重担，

在荒凉的沙漠中，

长久地忍受饥渴。

只要我的爱人，

是一粒希望的种子，

在异域的土壤中

生根发芽。

我愿意是仙人掌，

在无垠的沙漠中，

孤独寂寞地生长。

只要我的爱人，

是一滴水珠，

凝结在我的身旁，

给经过的人，

带来希望。

致木棉

凌霄花的依附我不喜欢，

痴情鸟的依恋非我所愿，

也不希望你常年送来清凉。

但，我是橡树，你是木棉。

大自然赋予我们不同的特质。

我有我的铜枝铁干，

你有你红硕的花朵，

所以我还是宁愿多为你分担。

干旱来临时，

我愿为你送去清泉。

风雨袭来时，

我愿做你遮挡的伞。

遇有风雷寒潮，

我做你遮蔽的港湾。

你既然愿意在我的近旁，

我尊重你的独立，

更默默为你祝愿。

我要向着阳光努力生长，

为祖国的建设成为栋梁。

你呵护着脚下的一方土地，

为祖国的未来提供濡养。